성적 쑥쑥! 중학생 과목별 독서비법

성적 쑥쑥! 중학생 과목별 독서비법

초판 1쇄 인쇄 | 2024년 9월 20일
초판 1쇄 발행 | 2024년 9월 30일

지은이 | 김원배 · 이선주 · 정무훈
펴낸이 | 황인욱
펴낸곳 | 도서출판 오래
　　　 04091　서울시 마포구 토정로 222, 406호(신수동, 한국출판콘텐츠센터)
　　　 전화　02-797-8786, 8787
　　　 팩스　02-797-9911
　　　 이메일　orebook@naver.com
　　　 홈페이지　www.orebook.com
　　　 출판신고번호　제2016-000355호

ISBN 979-11-5829-221-8　53190

값 16,000원

자 / 기 / 주 / 도 / 독 / 서 / 법

성적 쑥쑥!
중학생
과목별 독서비법

김원배 · 이선주 · 정무훈 지음

차례

프롤로그

과목별 필독서를 읽은 중학생이
성적이 우수하다.

    학교 시험이 끝나고 상담을 하다 보면 공부한 만큼 성적이 나오질 않아서 학원을 바꿔야겠다는 친구들이 있어요. 성적 오르지 않은 것이 학원 탓일까요? 그렇지는 않겠죠. 그 원인은 자기 자신의 습관에서 찾아야 됩니다. 저는 학생들에게 학습 및 독서 습관에 대해 질문하고 방향성을 알려줍니다. 역사 공부를 어려워하는 학생들에게는 교과서와 문제집만 풀어보지 말고 역사 관련 소설책을 읽어보도록 추천하고 있어요. 인류역사의 오랜 세월을 책 한 권에 담은 것이 교과서인데, 한 권의 교과서를 읽고 공부한다고 해서 인류 전체의 역사를 쉽게 이해하는 것은 어렵겠죠. 교과서는 함축되어 있어요. 역사 과목에서 성적을 올리기 위해서는 당연히 역사 관련 책들을 읽어야 해요. 요즘 역사 소설 책들 재미있어요. 재미있는 역사 소설을 읽으면 역사적인 사건이나 그 시대의 문화들을 쉽게 이해할 수 있죠. 즉 독서와 학습적 맥락이 연결되는 것입니다.

왜 책을 읽어야 할까요?

대학수능고사 만점 받은 학생들 인터뷰 기사를 보면 어려서부터 체계적으로 책을 읽은 덕분에 수능고사에서 만점을 받을 수 있었다고 말합니다. 매일 매일 읽는 독서 습관은 뇌의 발달에도 영향을 미치고, 성적향상, 비판적 사고능력, 질문하기, 문해력 향상, 자신을 이해하는 능력, 생각을 정리할 줄 아는 능력 등을 기르게 됩니다. 좋은 대학 진학을 위한 독서와 공부가 아니라 여러분들의 삶 속에서 즐겁고 행복한 일을 하면서 살아가기 위해 독서를 해야 하는 것입니다. 더 많이 읽을수록 더 나은 결과를 얻을 수 있다는 것을 항상 기억해야 합니다.

책 읽기가 어려울 때도 있습니다. 어쩌면 이해되지 않는 단어 때문에 책에 대한 흥미를 잃을 수도 있어요. 이럴 때는 이해가 쉬운 책부터 조금씩 조금씩 읽으면서 재미를 느끼면서 꾸준히 이어갑니다. 독서는 진로목표를 이루어가는 다리라고 생각해 봅니다. 책에서 얻은 지식과 기술은 평생 동안 세상을 살아가는데 사용할 도구입니다. 역사적 사건, 과학적 발견, 창의적 이야기 등 무엇을 읽든 여러분들에게는 직업과 인생의 방향성을 선택하는데 도움이 될 것입니다.

책은 다양한 문화, 역사, 제도 등 경험 들을 배울 수 있는 아주 좋은 방법입니다. 이를 통해 세상을 바라보는 관점이 변하게 되고, 다른 민족, 다른 사람들을 이해하고 공감하는데 도움이 될 것입니다. 세상에 대해 열린 마음으로 접근할 수 있는 사람으로 변하게 되는 것이예요.

　독서는 평생 동안 함께 하게 될 습관입니다. 공부를 잘할 수 있는 것을 뛰어넘어 개인적인 성장과 행복한 미래를 만들어 가는 것입니다.

　중학생 시기는 남이 들려주는 이야기를 듣고 즐기기만 했던 수동적인 아동기와는 달리 한 개인이 자신의 이야기를 만들어내기 위해서 의식적으로 진로 방향을 설정하고, 노력해야 하는 시기입니다. 스스로 계획을 세우고 자기주도적으로 학습활동을 할 수 있는 습관을 갖추는 것이 매우 중요합니다.

　〈성적 쑥쑥! 중학생 과목별 독서비법〉은 과목별 학습 계획을 세우고 자기주도적으로 삶의 방향을 설정하는 데 도움을 주고, 이를 바탕으로 중학교 시기에 갖춰야할 역량을 기르도록 하는데 도움을 주고 있는 책입니다.

　'1장, 진로 독서 미래를 결정하다'에서는 진로독서의 중요성, 독서와 뇌신경 연결성, 챗GPT시대 독서를 해야 하는 이유, 효과적인 독서활동에 대해 설명하고 있습니다.

'2장, 진로 독서 대학 입시를 결정한다.'에서는 교과목별 독서와 학습의 연결과정, 성적을 올리기 위한 독서비법, 자기소개서 잘 쓰는 방법, 교과 연계 독서 탐구활동에 대한 이야기가 펼쳐집니다.

'3장, 교과목별 독서활동 실제'에서는 국어, 영어, 수학, 과학, 사회, 역사, 도덕, 기술.가정, 진로와 직업, 음악, 미술, 체육, 정보 등 13개 과목에 대한 2022개정 교육과정 과목별 내용체계 및 교수학습방법을 제시하고 관련 도서를 과목별 20권씩 제공하고 있습니다. 교과와 연결된 도서를 읽음으로서 자기주도적으로 탐구 과제를 해결하고 학력신장에 도움 될 수 있도록 구성하였습니다.

대학교 입시 뿐만 아니라 취업 활동에도 독서는 매우 중요합니다. 교과연계 독서 활동을 통해서 학업역량과 전공에 대한 관심, 열정, 지적 호기심, 인성 등이 학교생활기록부에 독서기록으로 남길 수 있는 것입니다. 독서를 통해 나의 성장에 에너지를 불어넣어 줘야 합니다. 꾸준하게 매일 도서하는 것은 쉬운 일이 아니지만, 체계적으로 시간을 정해서 습관적으로 읽고 쓰는 활동이 꿈을 이루며 성장하는 계기가 됩니다.

성적을 올리고 싶다면 학원을 바꾸는 것이 아니라 공부 습관,

독서 습관을 점검해보길 바랍니다. 그리고 이 책에서 제시한 도서들을 읽고 탐구활동을 함으로써 교과 공부 성적이 향상될 수 있는 기회를 만들어 가길 바랍니다.

위스턴 처칠은 "운명을 지배하는 것은 기회가 아니라 선택이다. 기회는 기다리는 것이 아니라 쟁취하는 것이다."라고 말합니다. 이 책 한 권을 기회로 삼아 올바른 학습 습관을 만들고 자신을 발견하고 미래를 꿈꾸길 바랍니다. 열심히 노력한 만큼 삶의 방향을 설정하는데 도움이 되고, 진로 목표를 완성하기에 필요한 역량을 갖추는 힘을 만들어가길 바랍니다.

제 1 장

진로 독서
미래를 결정한다

01

왜 진로 독서가 중요한가?

"민수야, 요즘 책을 많이 읽던데, 독서하면서 어떤 변화가 있었니?"

"친구들의 마음이나 행동들을 이해할 수 있었어요"

민수는 요즘 독서를 통해 큰 변화를 겪었다고 해요. 초등학교 시절, 친구들과 자주 다투고 싸우는 일이 많았던 그는, 중학생이 되면서 시작한 아침 독서 활동과 도서관에서 꾸준히 책을 읽고 친구들과 선생님들 마음과 행동을 이해하게 됐어요. 이러한 변화 덕분에 민수는 친구들이나 선생님들과의 관계를 개선하고 좋은 관계를 형성해 나가는데 성공했어요.

평소 독서가 중요하다는 얘기는 아주 많이 들었을거에요. 왜 다들 책을 읽어야 한다고 말하는 것일까요? 독서의 중요성에 대해 알아볼게요.

첫째는 꾸준하게 읽음으로써 어휘력이 향상됩니다. 책을 읽으면서 새로운 단어나 문장을 잘 이해할 수 있게 됩니다.

둘째는 지능적 이해력이 향상됩니다. 책을 읽을수록 상상력과 사고력이 발달합니다. 책을 읽지 않는 친구들 보다 훨씬 지능적으로 깊이있게 주변환경을 이해하게 됩니다.

셋째는 비판적인 사고능력이 발달됩니다. 책 속에서 다양한 상황과 문제를 접하면서 자신만의 해결책을 찾아가며, 이 과정에서 자연스럽게 비판적인 사고력을 기르게 됩니다.

넷째는 기억력과 집중력이 향상됩니다. 매일 독서는 뇌의 전체 영역을 활성화해 주면서 기억하는 새로운 경로를 만들어 줍니다.

다섯째는 학교 성적이 올라갑니다. 책을 많이 읽으면 수업 중 교과서 단어 뜻을 쉽게 이해하게 되죠. 즉 문해력이 높아지는 것입니다. 문해력은 글을 읽고 스스로 알고 있는 것과 모르는 것을 구분할 수 있는 능력입니다. 문해력이 높아지면 학교 성적 상승으로 이어집니다.

여섯째는 분석 능력이 향상됩니다. 독서를 많이 하는 사람은 다양한 학습 자료를 읽고 해석하는데 도움이 됩니다. 글의 구조와 내용을 파악하고 주요 아이디어와 핵심 개념을 정확히 이해할 수 있습니다.

일곱째는 자신감이 향상됩니다. 꾸준한 독서력은 학습 능력 뿐만 아니라 대인 관계에서 자신감을 갖게 해줍니다. 뇌 속으로 들어온 책 내용을 조합하고 정리하여 발표하는 능력이 향상되면서 어떠한 상황에서도 자신 있게 대처합니다.

여덟째는 다른 나라의 문화를 이해하는 폭이 넓어집니다. 책을 통해 다양한 나라의 문화와 역사를 이해할 수 있으며, 이는 마치 세계 여행을 하는 듯한 경험을 갖게 됩니다.

아홉째는 글을 쓰는 능력이 향상됩니다. 독서로 글쓰기 능력이 향상됩니다. 자신의 생각을 논리적으로 정리하여 글로 표현하는 데 막강한 힘을 갖게 해줍니다.

열 번째는 감정 이해력이 발달됩니다. 책 속 인물과 상황을 통해 다양한 인간 감정을 이해하고, 이는 주변 사람들의 말과 행동을 이해하게 됩니다.

이처럼 독서는 언어능력은 물론, 인지, 사회적 능력을 포함한 다방면에서 개인의 성장을 촉진하는 핵심활동입니다. 인공지능 시대에도 변함없이 중요한 독서, 지금부터라도 습관으로 만들어 봅시다.

02

독서는 뇌신경을 연결한다

우리의 뇌에는 책을 읽거나 사람들의 이야기를 듣고 이해하는 영역과 우리가 할 말을 만들어내는 영역이 있어요. 진로수업 중에 선생님의 말을 잘 이해하는 학생이 있는가 하면 제대로 이해하지 못하고 질문을 해도 질문의 의도를 파악하지 못하는 경우가 있어요. 뇌의 이해영역은 단어와 단어를 연결하고 해독하는 영역이고, 표현 영역은 단어와 단어의 연결을 만들어내는 영역입니다. 책 읽기는 이러한 이해와 해석하는 영역을 활성화시키며, 이 과정을 통해 정보를 장기기억으로 전환합니다. 이 과정이 바로 책을 읽음으로써 우리가 얻을 수 있는 학습능력과 기억력을 강화시키는 것입니다.

〈뇌신경 의사 책을 읽다〉의 신동선 작가님은 "독서는 결국 내 머릿속에 뇌신경을 연결하는 것이고, 효과적이고 효율적인 독서법은 뇌신경 연결방법과 다를 것이 없다. 즉 뇌신경 연결에서 가장 중요한 요소인 반복을 독서의 중심에 세워야 한다."라고 말하고 있습니다.

글을 많이 읽는 것은 기억력과 집중력을 개선하고, 독서 능력 자체를 향상시키는데 큰 도움이 됩니다. 선생님은 처음에는 책 속의 문장을 보기만 해도 졸음이 쏟아지고 집중하기 어려웠지만, 매일 새벽 한 시간 독서를 시작한 이후로 독서 능력이 점차 좋아지고 있다는 것을 체감하고 있습니다. 독서가 어렵다고 느껴진다면, 이는 꾸준한 연습과 훈련이 필요함을 의미합니다. 아무런 노력 없이 읽기를 잘 할 수 있는 사람은 없습니다. 인간의 뇌는 태어날 때부터 읽기나 공부에 자동적으로 익숙한 상태가 아니며, 이러한 능력은 후천적으로 연습과 훈련을 통해 발달합니다. 다양한 분야의 책을 읽는 것도 중요하지만 한 권의 좋은 책을 꾸준히 반복해서 읽는 것이 더 큰 가치가 있습니다. 독서는 단순히 지식을 얻는 데에만 기여하는 것이 아니라, 꾸준한 독서 습관이 뇌의 활성화 발달에도 긍정적인 영향을 미칠 수 있음을 이해하고, 이를 실천하는 것이 중요합니다.

책을 읽는 행위는 개인이 직접 도전하고 경험해야 하는 활동입니다. 최근에는 오디오북이나 영상콘텐츠를 통해 쉽게 지식과 정보를 접할 수 있지만, 이러한 방법들은 뇌를 적극적으로 활성화하거나 정보를 연결하는데 있어 직접 책을 읽는 것만큼 효과적이지 않을 수 있어요. 책을 직접 읽음으로써 스스로 정보의 주체가 되어 독서 활동을 이끌어 갈 수 있습니다.

그렇다면 어떻게 책을 읽어야 우리 뇌의 신경 연결을 효과적으로 만들 수 있을까요? 중요한 것은 매일 정해진 시간에 집중해서 책을 읽는 습관을 들이는 것입니다. 일과를 마친 후 잠들기 한 시간 전이나, 학교에 가기 전 아침 시간을 활용하는 것이 좋습니다. 이러한 규칙적인 독서 습관은 뇌를 활성화시키고 정보를 장기기억으로 전환하는 데 도움을 줍니다. 책을 읽은 후에는 중요한 문장을 정리하거나 독서 일기를 작성하는 것이 효과를 극대화할 수 있는 방법입니다. 예를 들어, 한 시간 독서 후에는 30분 동안 읽은 내용 중 중요한 문장을 노트에 정리하고, 이를 활용해 짧은 글을 작성하는 활동을 할 수 있습니다. 이와 같은 후속 활동도 매일 정해진 시간에 하는 것이 좋습니다.

많은 천재들과 성공한 사람들의 성장은 꾸준한 독서에서 시작됐습니다. 어릴 때부터 지속적으로 책을 읽는 것이 일반적인 뇌 기능을 넘어서 천재적인 뇌 기능을 활성화 하는 데 중요한 역할을 한 거예요. 독서의 강력한 영향을 믿으며, 뇌의 신경망을 강화하는 독서 습관을 직접 실천해 보세요. 이렇게 하면 뇌의 발달을 촉진하고, 지식의 폭을 넓히며, 창의력과 문제 해결 능력을 키울 수 있습니다.

챗GPT시대 독서가 답이다

 역사학자 유발하라리는 "인공지능은 거의 모든 직업에서 인간을 밀어낼 것이다. 새 직업을 만들어도 결국 AI가 그 일을 인간보다 잘 해낼 테니 해결책이 아니다. 완전히 새로운 경제 모델이 필요하다."라고 강조하고 있어요.

 역사를 통해 볼 때, 인류는 기술 발전과 함께 성장해 왔지만, 기술 변화가 사회정치적 구조를 근본적으로 변화시킨 경우는 드물었어요. 대부분의 경우, 새로운 기술은 기존 체제 내에서 흡수되어 우리가 알고 있는 범위 안에서 발전과 혁신을 이끌어왔습니다. 현재 확산되고 있는 AI기술은 인간 경험의 모든 영역에서 변화를 예고하고 있어요. AI는 단순한 도구를 넘어 우리의 동료이자, 인간보다 더 빠르고 정확하게 발전할 수 있는 존재로 자리잡고 있다고 볼 수 있어요.

 만약 AI가 인간만이 할 수 있다고 여겨졌던 '생각과 사고'를 가능하게 하거나, 최소한 그런 행위를 흉내 낼 수 있다면, 우리는 어떻게 대응해야 할까요? 이는 단순히 기술의 발전을 넘어, 우리 사회와 경제, 심지어는 인간 본연의 가치에 대한 근본적인 질문을 던지게 됩니다.

AI는 예측하고 결정하고, 결론을 도출할 수는 있지만 자의식은 아직은 없어요. 즉, AI는 자신이 이 세상에서 수행하는 역할에 대해 스스로 생각하는 능력은 없다는 말입니다. 또한 AI에게는 의도나 동기, 양심이나 감정 같은 인간적인 속성도 없습니다. 그럼에도 불구하고 AI는 주어진 목표를 달성하고 문제를 해결하는데 있어 인간보다는 뛰어날 수 있습니다.

현재 대학이나 기업, 정부 등 다양한 기관에서 AI의 개발과 운영을 적극적으로 추진하고 있어요. 이러한 미래 기술 적용은 많은 분야에서 인간 일자리를 줄이고, 인간의 역할이 좁혀져 가고 있답니다. 이 시대를 살아가는 우리에게 필요한 것은 AI와 같은 미래 기술이 생성하는 데이터를 활용하여 사람들의 생각, 심리, 행동 변화를 창조적으로 이끌어내는 것입니다. 우리는 이를 통해 더 나은 미래와 행복을 구현해 내야 합니다. 이 시점에서 중요한 것은 미래 기술의 발전을 단순히 관찰자의 입장에서 지켜보는 것이 아니라, 이러한 변화를 주도하고 긍정적인 방향으로 이끌어 갈 수 있는 준비를 하는 것입니다. 미래 기술에 대한 깊은 이해와 창의적 사고를 바탕으로, 인간만이 할 수 있는 가치를 창출하고, AI와의 공존을 통해 우리 모두가 더 나은 삶을 영위할 수 있는 방안을 모색해야 합니다.

인공지능이 발달한 시대에 개인이 준비해야 할 것들은 무엇일까? 사물을 네트워크로 연결하고 AI를 통해 제어하는 기술 개발은 기업의 몫이지만, 이로 인해 생성되는 새로운 혜택과 변화를 이끌어내는 것은 창의적인 개인에게 달려있습니다. 이를 위해 자발적인 학습 의지와 평생 공부할 수 있는 능력을 개발해야 합니다.

지식을 배우고 자격증을 취득하는 것을 넘어 공부에 대한 자율적 의지와 탄탄한 학습 습관을 만들어가는 것도 중요해요. 공부는 단순히 명문 학교를 입학하는 것이 목적이 아니라, 삶을 이해하고 세상을 바라보는 깊은 시야를 갖추는 것이 중요합니다.

인공지능을 기반으로 하는 사물인터넷 환경 속에서 살아남으려면 미래 기술에 대한 이해와 변화하는 세상을 제대로 파악할 줄 알아야 합니다. '나는 누구이고 왜 사는가?' 그리고 '앞으로 어떻게 살아갈 것인가?'의 질문을 스스로에게 던지고 그 해답을 찾으려는 학습이 이루어져야 합니다. 암기하고 시험 성적 잘 받는 것이 목표가 아니라 내 삶에 꼭 필요한 학습과 독서활동이 이루어져야 하는 것입니다. 앞으로 인류는 미래기술을 잘 활용하는 부류와 남이 만들어 놓은 기술만을 활용하는 부류로 나뉠 것입니다. 미래 기술을 자신의 직무에 잘 활용할 수 있는 역량을 키우는 공부가 되어야 합니다.

책 읽기는 취미활동이 아니라 깊이 있게 생각하고 책 속의 문장들을 마음속에 녹여서 새로운 창의적인 발상들을 할 수 있는 역량을 키워야 하는 것입니다.

04

효과적인 기억의 연결점이 독서다

독서는 우리 뇌에 다양한 영향을 미칩니다. 때로는 책을 읽고 나서도 내용이 기억나지 않는 경우가 있습니다. 어떤 사람들은 한 번 읽기만 해도 책의 문장이나 줄거리를 자세히 이야기 할 수 있습니다. 이런 차이는 우리 뇌의 기억영역이 얼마나 잘 작동하는지에 달려 있습니다.

우리의 기억은 크게 단기기억과 장기기억으로 나뉩니다. 단기기억은 일시적으로 저장하며, 일상에서 마주치는 다양한 정보들을 잠깐 동안 보관하고 처리하는 데 중요한 역할을 합니다. 반면, 장기기억은 정보를 오래 동안 저장해, 우리의 지식과 경험을 보존해 줍니다. 책에서 단어나 문장을 이해하고, 그 정보를 바탕으로 추론하고 판단하는 과정은 바로 이 기억 시스템에 저장되는 방식을 통해 이루어집니다.

책을 읽다 보면, 바른 자세로 앉아도 곧 집중력이 떨어지고 졸음이 몰려올 때가 있습니다. 이때 책 내용이 기억나지 않고, 오히려 잠을 잘 잔 것 같은 홀가분한 기분을 느끼게 됩니다. 이는 책 읽기 습관이 되지 않았을 때 흔히 겪는 현상입니다. 공부를 아무리 열심히 해도 친구들보다 성적이 낮다면, 이는 학습능력에 차이가 있기 때문일 수 있습니다. 하지만 걱정할 필요는 없습니다. 책을 읽는 능력은 서서히 발전합니다. 돈을 많이 버는 부자가 한순간에 이루어지지 않는 것처럼 책을 읽는 능력도 매일 매일 습관으로 읽어야 뇌 신경과 연결통로가 만들어지는 것입니다. 책을 처음 읽을 때는 글을 보고 뜻을 떠듬떠듬 파악하면서 읽어나갑니다. 조금 읽다 보면 집중도 안되고 하품을 하면서 졸립기도 합니다. 집중이 흐려지면서 졸릴 때는 잠시 읽기를 멈추고 쉬는 것이 좋습니다. 다음 날 똑같은 시간에 다시 읽기를 시작합니다. 전날 읽었던 내용이 기억이 나지 않아도 다음 부분부터 읽어나가면서 반복적으로 뇌를 자극합니다. 꾸준하게 반복해서 읽으면 점점 장기기억으로 연결되고, 30분 이상 집중해서 읽을 수 있게 됩니다. 1년 이상 지속하면 책 속의 문장이나 단어들의 뜻을 자동적으로 이해하는 순간을 맞이하게 됩니다. 매일 읽는 습관은 기억력과 집중력을 향상시키는데 큰 도움이 됩니다.

글을 꾸준히 많이 읽게 되면, 이 과정이 단기기억에서 시작해 장기기억, 그리고 마침내는 자동기억으로 발전합니다. 처음에는 책 읽기가 재미없고 지루하겠지만, 매일 꾸준히 읽는 습관을 통해 내용을 이해하는 것이 점점 쉬어지고, 어느 순간 문장들이 스스로 의미를 형성하는 경험을 하게 됩니다.

선생님의 경험으로도, 매일 한 시간씩 책을 읽음으로써 기억력과 암기력, 그리고 발표능력이 향상되는 것을 확인할 수 있었습니다. 이는 책 속의 문장들이 뇌 속에서 연결되어 기존에 부족했던 능력들을 보완해주는 역할을 한다는 것을 의미합니다.

책을 읽는 것이 재미없다고 느끼는 사람들도 많지만, 독서는 결국 자동적으로 읽는 습관을 만들겠다는 목표로 접근해야 합니다. 책을 읽으면서 저자의 의도를 파악하고 다양한 분야의 인물들을 만나기 위해서는 책을 많이 읽는 것이 가장 좋은 방법입니다. 책을 읽지 않으면서 읽을 수 없다고 말하는 것은 바람직하지 않습니다. 마치 새로운 온라인 게임을 처음 접했을 때 어색하게 진행 방법을 익혀나가야하듯, 책 읽기도 처음에는 어려울 수 있습니다. 하지만 일상에서 꾸준히 독서를 하면, 눈을 통해 들어온 문장들이 뇌 신경 연결 고리를 형성하며 자동으로 기억장치에 저장되는 과정을 경험합니다.

제 2 장

진로 독서
대학 입시를 결정한다

진로 독서, 학습의 기초공사다

책 읽기 능력과 학습 능력은 서로 밀접하게 연결되어 있습니다. 책 읽기 능력이란 책 속의 문장을 읽고 이해하는 능력을 말하며, 학습능력은 그러한 지식을 습득하고 이해하는데 있습니다. 이 두 능력은 서로 연결되어 있으며 상호 강화됩니다. 독서 능력이 뛰어난 사람은 학습 과정에서 더욱 효과적으로 정보를 습득하고 정리할 수 있습니다. 또한 교과서나 참고 자료 등 다양한 학습 자료를 읽고 해석하는데 도움이 됩니다. 실제로 대학수학능력시험에서 높은 점수를 받은 학생들이 인터뷰에서 자신들의 독서 습관이 큰 도움이 되었다고 언급하는 것을 볼 수 있습니다. 뛰어난 학습 능력을 가진 사람들은 책을 통해 새로운 지식을 습득하고 이해하는 능력이 강화되며, 이는 책에서 얻은 지식을 효과적으로 활용하는 능력으로 이어집니다. 즉, 책 읽기 능력이 좋아지면 학습능력도 강화되고, 학습 능력이 좋아지면 성적도 향상됩니다. 이러한 상호작용은 청소년기에 책을 많이 읽는 것이 중요하다고 강조하는 주된 이유 중 하나입니다.

　책을 자주 읽는 사람은 어휘력이 향상됩니다. 어휘력이 높아지면서 더 많은 단어를 알게 되고 그 의미를 정확하게 이해하고, 문장이나 글의 전체적인 맥락을 빠르고 쉽게 파악할 수 있습니다. 이러한 능력은 정보를 핵심까지 파고들어 요약하는 데에도 도움이 되며, 이는 곧 공부와도 밀접하게 연결됩니다. 즉 책 읽는 능력이 바로 학습 능력이라고 볼 수 있습니다.

　책을 선택할 때는 자신의 수준과 나이, 이해력에 맞는 책을 고르는 것이 중요합니다. 자신에게 맞지 않는 어려운 책을 읽으면 이해가 되지 않아 독서의 즐거움을 느끼기 어려워집니다. 중요한 것은 어떤 책을 읽느냐보다, 그 책에 얼마나 몰입하여 깊이 있게 읽느냐입니다.

　스티브잡스 초등학교 성적표에는 이런 평가가 적혀 있습니다. "뛰어난 독서가이지만 독서를 하느라 너무 많은 시간을 허비한다. 공부에 의욕을 갖거나 목적을 세우는데 어려움을 겪고 있다. 때로는 규율에 어긋나는 행동을 한다" 초등학교 4학년 이전까지 형편없는 문제아였던 스티브 잡스는 그때 이미 고등 2학년의 언어 능력을 갖추고 있었다고 합니다. 이 모든 능력이 '독서를 하느라 너무 많은 시간을 허비'한 덕분일 것입니다.

만약 공부를 아무리 열심히 해도 성적이 잘 나오지 않는다면, 공부 방법을 점검해볼 필요가 있습니다. 하지만 그보다 먼저, 매일 일정한 시간을 정해 책 읽는 습관을 기르는 것이 중요합니다. 책을 읽는 것이 공부와 어떻게 연결되는지 깨닫는 데는 시간이 조금 걸릴 수도 있지만, 이 과정을 통해 얻을 수 있는 이득은 막대합니다.

청소년기를 넘어서도 계속 성장하고 싶다면, 독서가 학습에 미치는 영향력이 얼마나 큰지 알아야 합니다. 책을 통해 새로운 세계를 탐험하고, 지식의 보물을 발견하는 여정은 단순히 학문적인 성장을 넘어서 개인의 성장에도 큰 역할을 합니다. 책 속에서 발견하는 지혜와 모험은 우리 삶을 풍부하게 만들고, 공부하는 방식에도 긍정적인 변화를 가져옵니다. 따라서, 성적이 고민이라면 책장을 열고 새로운 마음가짐으로 읽기를 시작을 해보세요. 이야기의 힘으로 무장한 여러분들은 어떤 학문적 도전도 즐겁게 맞이할 준비가 되어 있을 겁니다.

'친구는 되는데 나만 왜 안될까?'라고 의심 하면서 포기하는 순간 평생 아무것도 이룰 수 없게 됩니다. 변화할 수 있다는 믿음을 가지고 책 읽기에 도전해야 합니다. 책 읽는 방법은 개인별로 다를 수 있어요. 다만, 나만의 독서 시간, 독서 방법을 만들어 가면서 읽는 것이 효과적인 방법입니다.

책을 많이 읽는 친구의 성적이 지금은 낮아도 몇 년 후에는 자신보다 더 성장하는 모습을 보게 될 것입니다. 책속에서 재미를 느끼고 책 속으로 빠져들다 보면 자연스레 성적도 향상된다는 것을 잊지 말아야 합니다.

인공지능시대에 여러분이 디지털 활용능력을 갖추고 글로벌화 시대에 필요한 역량을 갖추기 위해서는 독서가 기본적으로 습관화 되어야 합니다. 책 읽기는 독하게 하는 것입니다.

성적을 올리는 진로 독서 방법

　책을 읽고 난 후 아무 활동이 없으면 뇌신경이 촘촘하게 연결되는데 시간이 많이 걸립니다. 책 읽는 습관이 학습 능력 향상으로 연결되게 하려면 책을 읽은 후 생각해서 정리하는 활동이 동반되어야 합니다. 책을 읽고 활동 할 수 있는 방법들은 독서일기 작성하기, 서평 작성하기, 질문 만들기, 친구와 대화하기, 주제 탐구보고서 작성하기, 나의 삶과 연결하기 등이 있습니다.

　독서일기 작성하기는 혼자 할 수 있는 활동입니다. 책을 읽으면서 떠오르는 느낌이나 감정들을 적으면서 흩어지는 온갖 생각들을 붙잡아 둘 수 있는 활동이라고 말할 수 있습니다. 책 속의 문장을 필사한 후 느낌을 적어볼 수도 있고, 그날 읽은 부분 만큼의 느낌을 정리할 수 있습니다.

　서평 작성하기는 책을 끝까지 읽은 후 전체적인 느낌과 책 내용에 대한 자신만의 평가를 하는 단계입니다. 친구들이 이 책에 대한 정보를 얻을 수 있도록 전반적으로 책의 내용을 상세하게 소개하는 활동입니다.

질문 만들기는 책을 읽으면서 의문이 드는 문장을 적어두고 스스로 생각해서 답을 찾아보는 과정입니다. 질문거리를 찾으면서 읽게 되면 책 속의 문장들을 더 세밀하게 들여다보고 비판적으로 생각하면서 자기 나름대로 해석하는 능력을 키우게 됩니다.

친구와 대화하기는 책을 읽고 나서 책 내용을 친구들이나 부모님에게 이야기해 보는 활동입니다. 눈으로 읽고 뇌에 저장된 문장들을 입을 통해서 설명하면서 다시 한번 기억하게 되고 발표력과 표현하는 능력도 향상되는 효과를 얻을 수 있습니다.

주제 탐구보고서 작성하기는 책을 읽다 보면 어느 한 분야에 관심을 갖게 되고 그 분야에 대한 정보를 탐색하고 수집하게 됩니다. 저자가 참고한 책들을 모두 읽으면서 주제에 대해 깊고 넓게 탐독하는 경험을 얻게 되는 활동입니다. 하나의 주제에 대해 여러 권의 책을 읽고 새로운 지식과 정보를 얻게 되고 자신의 관점에서 재구성 해 보면서 자기주도적 심화 학습 능력을 키울 수 있습니다.

나의 삶과 연결하기는 책 속의 문장들이 자신의 삶 속에서 헤쳐나갈 방향성을 찾게 됩니다. 특히 소설이나 시를 읽으면서 자신을 발견하고 이해할 수 있는 계기가 됩니다.

책 읽기를 공부라고 인식하는 순간 우리의 뇌는 책 읽기를 싫어하게 됩니다. 책 읽기가 아주 유용하다고 느껴야 학습능력이 향상될 수 있습니다. 책을 읽고 스스로 활동으로 연결하여 정리하는 것이 필요합니다. 누구의 도움도 받지 않고 스스로 읽고 스스로 정리할 때 효과를 극대화할 수 있는 것입니다. 추천도서라고 불리는 책들은 참고하되 자신의 역량에 맞는 책을 골라서 읽기 시작하는 것이 효과적인 독서의 시작입니다. 읽기 편한 책부터 읽어나가면서 독서일기나 서평쓰기 등 다양한 활동으로 연결하는 단계까지 만들어보는 습관을 생활화 해보기 바랍니다. 이러한 활동은 최소한 1년 이상은 해야 합니다.

합격 자기소개서의 비법

자기소개서는 나의 능력을 평가하는 서류입니다. 특목고 진학이나 대학교 또는 취업할 때 자기소개서를 통해 자신의 성향과 특징들을 잘 표현해야 합니다. 자신이 진출하고자 하는 분야에서 활동할 수 있는 자신만의 능력을 상세하게 적어야 합니다.

학교 유형별로 약간 차이는 있지만 자기소개서 항목은 대체로 학습 과정, 지원 동기, 활동 계획, 진로 계획, 인성 관련 경험 등의 항목이 기본적으로 작성하게 되어 있습니다. 이 중에서 가장 중요한 것은 자기주도 학습과정입니다. 학습을 주도적으로 수행한 경험을 바탕으로 목표설정, 계획수립, 실천 그리고 결과 및 평가까지의 모든 과정을 작성합니다. 즉, 학교 교육과정에서 진로 체험 및 동아리 활동, 꿈과 끼를 살리기 위한 활동 및 경험 등을 모두 포함하여 정리합니다. 인성 영역은 봉사활동을 포함한 배려, 나눔, 타인존중, 규칙준수 등에 대한 활동 실적과 배우고 느낀 점을 작성합니다.

자기소개서는 글자 분량이 정해져 있기 때문에 모든 내용을 적을 수는 없습니다. 짧고 간결한 문장으로 작성해야 합니다. 여러 가지 글을 나열하다 보면 정작 읽는 사람은 어떤 내용인지 파악하기 힘듭니다. 자기소개서는 '나'가 누구인지 확실하게 보여주는 글이 되어야 합니다. 학교 활동에서 어떤 역할을 했고 꿈을 만들어 가기 위해 어떤 노력을 했는지 그리고 어떤 변화가 있었고 무엇을 느꼈는지 등을 자신의 입장에서 서술해 나가야 합니다.

자기소개서는 글로 끝나는 것이 아니라 면접과도 연계되어 있다는 것을 알고 있어야 합니다. 자기소개서에 작성한 내용들에 대한 구체적인 질문을 면접에서 질문받았을 때 제대로 된 답변을 할 수 있도록 상당한 수준까지 작성한 내용을 파악하고 있어야 합니다. 자기소개서는 내가 읽어서 좋아 보이는 글이 아니라 면접관이 읽어서 맘에 드는 글이 되어야 합니다. 대부분 학생들이 자신이 가장 많이 고민한 부분들을 집중적으로 작성하고 나머지 절차는 대충 쓰는 경우가 많은데 면접관들은 그 대충 작성한 것에 대해 궁금해 할 수도 있다는 점입니다. 따라서 읽는 사람이 무엇을 궁금해 할지 고민하는 과정이 필요합니다. 학교마다 제시된 분량 안에 면접관이 궁금해 하는 것들을 집약해서 쓰는 것도 능력입니다.

자기소개서를 작성하기 위해 학원을 다니고 다양한 방법들을 검색해서 작성 요령을 배워도 막상 혼자서 작성하려면 쉽지 않는 경우가 많습니다. 독서와 글쓰기 능력이 부족한 학생이라면 자기소개서 작성하는 것이 어려울 수밖에 없습니다. 자기소개서는 진정성을 가지고 작성해야 합니다. 글의 흐름이 약간 서툴더라도 본인의 진심이 담긴 글이 면접관의 마음을 움직일 수 있습니다. 자기소개서의 내용은 반드시 진실만을 담아야 하고, 풍성한 내용을 위해서는 다양한 경험을 쌓아야 합니다. 어려서부터 체계적인 독서와 글쓰기 훈련이 되어 있는 학생이라면 자신의 학교 생활의 경험을 논리적으로 풀어낼 수 있을 것입니다. 자기소개서 작성 방법을 배운다고 해서 쉽게 익혀지는 것도 아닙니다. 꾸준하게 자기소개서 내용에 채울 경험과 논리적인 사고력이 바탕이 되어야 훌륭한 자기소개서가 완성됩니다.

04

교과 연계 독서 탐구 활동에 대하여

　대학 입시에서 독서는 매우 중요합니다. 학교생활기록부의 '독서활동상황'이 대입에 미반영되는 것은 사실입니다. 하지만 학교생활기록부의 나머지 영역인 창의적 체험활동의 자율특기사항, 진로활동 특기사항, 교과세부능력 및 특기사항, 행동특성 및 종합의견 등에 쓰인 독서활동의 내용은 대학교에서 중요하게 평가하고 있습니다. 학교생활기록부의 독서활동상황은 대입에서 반영되지 않지만 다른 영역에서는 독서 활동 내역이 자연스레 녹아들어 있습니다. 대학은 지원하는 전공과 독서이력을 중요하게 생각합니다. 이를 통해 선택한 분야에 대한 지식, 이해 및 사고능력을 평가할 수 있기 때문입니다.

　대학교에서 학생의 독서활동을 중요하게 생각하는 이유는 뭘까요? 대학에서는 독서활동이라는 것을 통해 학생의 고등학교 생활을 비추어 볼 수 있기 때문입니다. 생활기록부에 녹아져 있는 정보들은 대학에서 지원학생을 파악하는데 좋은 자료입니다. 학생의 관심 분야가 무엇인지, 학생이 진로를 정하기까지 얼마나 많은 고민을 했는지, 지적역량 수준은 어느 정도인지, 그래서 대학교에 들어와서 공부를 잘할 수 있는지 예측할 수 있는 것입니다.

교과연계 독서활동을 통해서 학업역량과 전공에 대한 관심, 열정, 지적 호기심, 인성 등이 학교생활기록부에 독서 기록으로 남습니다. 학교생활기록부는 학교 생활태도 및 학습과정 변화를 담아내는 학생종합보고서입니다. 독서를 통해 나의 성장에 에너지를 불어넣어 주어야 합니다. 독서 이력을 통해 '성장하는 여러분'을 보여줘야 합니다. 꾸준하게 매일 독서하는 것이 쉬운 일이 아닙니다. 책을 읽을 때는 처음부터 끝까지 읽겠다는 욕심을 내려놔야 합니다. 교과 수업 시간에 선생님이 안내해 주는 교과연계 책들을 찾아 읽으면서 수업 중 궁금한 것들이나 잘 모르는 것들을 책 속에서 얻을 수 있습니다. 학교에서 교과연계독서 관련 수행평가도 부여할 것입니다. 꼭 이런 활동이 아니더라도 여러분들이 학교에서 배우는 교과서와 연결되어 있는 책을 많이 읽을수록 교과목을 쉽게 이해하고 관련 교과 성적도 오르게 됩니다.

이 책에서는 각 교과목별 20권씩 추천도서를 선정했습니다. 공부하면서 관련 도서도 같이 읽으면 학습능력 향상에 도움이 됩니다. 독서를 하고 제시된 활동지를 해결하면서 논리적인 사고력과 창의력도 향상시키고 깊이 있는 분석적 사고력도 향상됩니다.

효과적인 독서 방법

01. 표제(제목), 서문 읽고 내용 짐작해 보기

02. 책의 내용을 파악하기 위해 목차 살피기

03. 자기 생활이나 의견과 비교하며 읽기

04. 강한 지적자극이 있는 부분을 기록하며 읽기

05. 사실과 의견을 구분하여 작가의 주장 파악하기

06. 훌륭한 작품을 읽고 마음의 성장 기록하기

07. 읽는 도중 가슴에 뜨거운 열정을 느낄 수 있게 읽기

08. 세세한 부분까지 정확하게 읽기

09. 표현이 잘 된 내용, 마음에 드는 내용 메모하기

10. 장면을 상상하면서 집중해서 읽기

11. 자기가 읽은 책을 여러 사람에게 소개하기

12. 읽은 책의 우수한 점을 서로 이야기하기

13. 첫 페이지부터 넘겨 보며 큰 제목, 작은 제목, 그림과 함께 살피면서 전체 윤곽 파악하기

14. 책의 중심 내용을 요약한 부분 읽어보기

제3장

교과목별
독서활동 실제

01

국어

땀 흘리는 소설 (김혜진, [공저] 창비교육, 2019)

땀 흘리는 소설은 노동자가 일터에서 겪는 다양한 갈등과 차별을 실감 나게 담은 소설집입니다. 소설 속 인물들은 자신의 일터에서 인정받고, 보람 있는 일을 하고 싶어 합니다. 하지만 현실은 불합리하고 노동 여건은 열악합니다. 작가들은 다양한 노동 현장에서 살아가는 노동자의 모습을 가감 없이 보여줍니다. 작품 속에서 일의 가치와 일의 의미가 무엇인지 묻습니다. 평범한 일상을 살아가기 위해 하루하루 애쓰는 사람들의 눈물을 보여줍니다.

학교에서 배우는 직업과 실제 일터는 큰 차이가 있습니다. 직업에는 일하며 겪는 차별과 힘든 노동이 드러나지 않습니다. 일터에서 노동자들이 겪는 고통은 개인마다 큰 차이가 있습니다. 특히 저임금을 받으며 큰 위험을 감수하는 노동자의 삶은 더 고달픕니다. 누구나 안정적이고 고소득의 전문직을 선호합니다. 하지만 좋은 일자리는 제한되어 있고 대부분의 사람들은 평범한 노동 환경에서 일합니다. 노동 환경을 개선하는 것은 개인의 노력만으로 불가능합니다. 노동자 스스로 권리와 이익을 위해 목소리를 내고 불합리한 노동 환경의 개선을 위해 사회가 함께 노력해야 합니다.

우리는 불안이 일상화된 사회에서 살고 있습니다. 취업을 준비하는 사람들은 불확실한 미래를 위해 하루하루 힘겨운 일상을 보냅니다. 비정규직 직장인은 언제든 일자리를 잃을 수 있다는 불안감과 차별을 감수하며 살아갑니다. 학업과 일을 병행하는 사람들은 대부분의 시간동안 돈을 벌어야 하는 현실의 벽이 있습니다. 무한경쟁에서 살아남기 위해 학생들은 하루 종일 책상에서 벗어나지 못하고 있습니다. 소설 속의 인물들은 힘든 환경에서 같은 처지의 동료들을 이해하기도 하고 오해하기도 하면서 생존을 위해 고군분투합니다. 소설은 교과서에서 배우는 직업과 실제 일터의 괴리가 무엇인지 생각하게 합니다. 그리고 좋은 직장을 만들기 위해 우리 사회는 어떤 변화가 필요한지 묻습니다. 누구나 학교라는 울타리를 벗어나는 순간 노동자라는 현실과 마주하게 됩니다. 노동자가 되는 순간 경험하게 되는 일터는 살아남기 위해 경쟁해야 하는 곳이고 함께 살아가는 방법을 찾아가는 공존의 자리입니다.

나는 어떤 일을 할 것인가? 어떤 직업을 가질 것인가? 생각하기 전에 노동자의 삶은 어떤 모습인지 알게 된다면 일에 대한 현실적인 인식을 갖게 될 것입니다. 내 미래의 직업은 불확실하지만 노동자라는 미래는 예정되어 있기 때문입니다. 주위를 둘러

보면 우리 사회는 노동자들에 의해 유지되고 경제가 성장합니다. 일은 우리 삶의 큰 비중을 차지합니다. 일하는 노동자가 충분한 대우를 받고 보람을 느끼는 것이 특별한 일이 아니라 일상이 되기 위해 우리는 무엇을 해야 하는지 생각해 보게 되는 작품입니다.

교과연계 국어 주제 탐구 학습, 이렇게 해 봐요!

(참고: 2022 개정교육과정 중학교 국어과 내용 체계 및 교수학습방법)

국어 교과는 의사소통의 맥락과 요소를 이해하고 다양한 의사소통의 과정에 협력적으로 참여하면서 언어생활을 성찰하고 국어문화를 향유함으로써 미래 사회에서 요구되는 높은 수준의 국어 능력을 기르는 것을 목적으로 합니다. 국어과 목표는 다양한 유형의 담화, 글, 국어 자료, 작품, 복합 매체 자료를 비판적으로 이해하고 자신의 생각을 창의적으로 표현하는 것입니다. 다양성에 대한 이해를 바탕으로 타인의 의견과 감정, 가치관을 존중하면서 협력적으로 의사소통합니다. 민주시민으로서 의사소통에 적극적으로 참여하여 개인과 공동체의 문제를 해결합니다. 공동체의 언어문화를 탐구하고 자신의 언어생활을 성찰하고 개선합

니다. 다양한 사상과 정서가 반영되어 있는 국어문화를 감상하고
향유 합니다.

다음 표에 제시된 다양한 탐구학습전략을 활용하여 자신의 진
로 및 진학과 연계한 주제 탐구 학습을 통해 2022 개정교육과정
에서 요구하는 역량을 키우고 고등학교 입학 뿐 아니라 대학 입
시를 준비하는 기초를 다져보세요.

탐구학습전략

국어교과 관련 독서 연계 심화 탐구 학습, 어떻게 할까요?
다음과 같은 방법을 활용해 보세요!

연번	국어교과 관련 독서 연계 심화 탐구 학습 전략
1	논증 타당성 평가 및 논증 재구성하기
2	진로나 관심 분야에 대한 주제 통합적 읽기
3	복수의 자료를 요약·활용하여 내용 생성하기
4	내용 전개의 일반적 원리를 고려하여 내용 조직하고 표현하기
5	창작한 글을 함께 읽고 반응하기
6	갈래에 따른 형상화 방법을 고려하며 수용하기
7	매체 자료 비판적으로 분석하기
8	소통 맥락과 매체 특성을 고려하여 매체 자료 제작하기

참고자료: 2022 개정교육과정 중학교 국어과 교육과정

교과연계 진로독서 국어과 예시도서 1			
서명	땀 흘리는 소설	출판사	창비교육
저자	김혜진 (공저)	출판년도	2019년

독후감상

책을 읽고 난 후 가장 인상깊은 구절이나 장면을 적고, 자신의 생각, 가치관, 삶 등에서 어떤 긍정적인 변화가 생겼는지 구체적으로 적어 보자.

가장 인상깊은 구절이나 장면	어느 방향으로 가야 좀 덜 걸을 수 있을까. 금방 다리를 벗어날 수 있을까. 어차피 그런 건 없었다.
생각, 가치관, 삶 등에서 일어난 긍정적인 변화와 느낀 점	누구나 쉽게 직장을 구하고 일을 할 수 있다고 생각했다. 하지만 취업을 하는 것이 결코 쉽지 않다는 것을 깨달았다. 어렵게 취업을 한다고 해도 내가 원하는 일이나 나에게 맞는 업무를 한다는 보장이 없다. 주인공은 주어진 일에 매번 최선을 다하지만 일자리를 유지하기 어려웠다. 또한 쉽게 돈을 버는 사람들을 보면서 상대적 박탈감을 느낀다. 앞으로 내가 원하는 삶을 살기 위해서 더 현실적인 계획을 세우고 실천해야겠다고 생각했다.
가장 인상깊은 구절이나 장면	
생각, 가치관, 삶 등에서 일어난 긍정적인 변화와 느낀 점	

도서 '땀 흘리는 소설'을 읽고, 관심직업 심층탐구 보고서를 작성해 봅시다.

관심직업 심층 탐구 보고서	
관심 직업	나의 관심 직업은 (　　　　)이다.
관심직업의 핵심능력 및 적성	예) 커리어넷 직업백과 참고
나의 장점	
진로 준비를 위해 필요한 노력	1. 2. 3.

국어 교과 관련 추천 도서 목록

연번	책제목	저자	출판사	출판년도
1	그대 나의 여름이 되세요.	서덕준	위즈덤하우스	2023년
2	기억을 넘어 너에게 갈게	양은애	토마토출판사	2023년
3	다이브	단요	창비	2022년
4	졸업하기 전에 알았더라면 좋았을 것들	앤디 림 (공저)	체인지업	2021년
5	열다섯, 그럴 나이	나윤아 (공저)	우리학교	2020년
6	여름을 한 입 베어 물었더니	이꽃님	문학동네	2023년
7	모범생의 생존법	황영미	문학동네	2021년
8	여름의 귤을 좋아하세요	이희영	창비	2023년
9	우리 반 애들 모두가 망했으면 좋겠어	이도해	자음과모음	2022년
10	일만 번의 다이빙	이송현	다산책방	2023년

관련고등학교, 관련학과, 관련직업 정보

관련고등학교	국제고등학교, 자율형사립고등학교, 외국어고등학교, 일반 고등학교, 예술고등학교, 예술중점고등학교
관련학과	국어국문과, 언어학과, 문예창작학과, 신문방송학과, 미디어학과, 심리학과, 관광통역과, 언어치료학과, 언어과학과, 언어재활과, 한국어학과, 언어학과
관련직업	문학작가, 교사, 언론인, 방송인, 교수, 심리학자, 상담심리사, 인문학 연구원, 논술지도 교사, 방송작가, 독서지도사, 출판물기획자, 출판편집자, 카피라이터, 한국어강사, 언어학 연구원, 국제회의통역사, 컴퓨터게임시나리오작가, 드라마작가, 언어치료사, 언어학연구원, 시인

국어 교과 관련 책을 읽고 심화 탐구 학습을 해 보자.

선정도서	서명		출판사	
	저자		출판년도	

독후감상

책을 읽고 난 후 가장 인상깊은 구절이나 장면을 적고, 자신의 생각, 가치관, 삶 등에서 어떤 긍정적인 변화가 생겼는지 구체적으로 적어 보세요.

가장 인상깊은 구절이나 장면	
생각, 가치관, 삶 등에서 일어난 긍정적인 변화와 느낀 점	

〈실전연습 2〉에서 고른 책을 읽고, 자신의 꿈을 이루기 위해 극복해야 할 어려움을 찾고 해결 방안을 만들어 보세요.

나의 진로 (꿈)	나의 꿈은 ( )이 되는 것이다.
꿈을 이루기 위해 극복해야 할 어려움	1. 2. 3. 4. 5.
꿈을 이루는 과정에서 겪는 어려움 해결 방안	1. 2. 3. 4. 5.
활동 후 소감	

러닝 하이 (탁경은, 자음과모음, 2021)

각자의 고민을 안고 살아가는 하빈이와 민이는 러닝하이 달리기 클럽에 우연히 들어가게 됩니다. 본인이 해결할 수 없는 가족의 문제로 두 사람의 마음은 무겁습니다. 달리기 클럽에서 만난 언니들을 통해 세상을 좀 더 이해하게 되고 마음의 문을 조금씩 열게 됩니다. 달리는 능력은 누구나 있는 능력입니다. 하지만 꾸준히 달리는 능력은 노력이 필요합니다. 러닝 하이 크루는 오늘도 힘차게 세상을 향해 달립니다. 누구의 간섭도 받지 않고 다른 사람의 눈치도 보지 않고 달립니다. 속상한 날, 화가 나는 날, 우울한 날 운동화 끈을 질끈 묶고 비바람을 뚫고 달려 나갑니다. 누구나 말 못할 비밀이 있고 숨기고 싶은 아픈 상처가 있습니다. 성장통처럼 한 번은 통과해야 하는 힘겨운 시간을 감당하기 위해 오늘도 달리는 러닝 크루의 솔직하고 담백한 이야기를 읽다 보면 독자도 당장 운동장으로 달려 나가고 싶어집니다.

달리기는 누구와도 경쟁하지 않고 혼자서 할 수 있는 운동입니다. 하지만 연습 없이 장거리를 잘 달릴 수는 없습니다. 금방 지치고 포기하고 쉽고 체력 소모가 많은 운동입니다. 소녀들도 처음 달리기를 시작하고 힘이 들어서 포기하고 싶어집니다. 하지만 답답한 마음에서 벗어나기 위해 독하게 마음을 먹고 달리기를 이어갑니다.

달리기 모임에 가입하면서 먼저 운동을 시작한 언니들이 손을 내밀어 줍니다. 함께 달리자는 말 한마디에 소녀들은 큰 위로를 받습니다. 주인공은 말 못한 고민이 있는 자신의 심정을 이해해 주는 언니들을 따라 달리기를 시작합니다. 그런데 달리기를 하면 마음이 가벼워지고 머리 속도 시원해질 줄 기대했는데 오히려 생각이 많아지고 힘들었던 기억들이 떠오릅니다.

우리가 살다보면 시간이 지나면 저절로 잊혀지는 일도 있지만 시간이 지날수록 점점 더 마음이 불편해지는 일도 있습니다. 아무리 달려도 도망갈 수 없는 것이 현실인지도 모릅니다. 그래서 가까운 사람에게 마음 속 고민을 털어 놓으면 위로를 받고 힘을 얻게 됩니다. 달리기 모임의 회원들은 기분이 좋아서 달리는 것이 아니라 마음의 울적함을 풀기 위해 달립니다. 하루하루 달리면서 스스로 몸도 마음도 단단한 사람이 되어갑니다. 힘든 하루하루를 살아가는 사람들에게 필요한 것은 마음 근육입니다. 청소년들은 미래에 대한 불안과 하루하루 공부에 대한 부담을 안고 살아갑니다. 때로는 주변 사람들과 부모님의 격려가 부담과 중압감으로 다가옵니다.

그래서 각자의 방식으로 일상의 스트레스를 풀기 위해 노력합니다. 친구들과 고민을 나누기도 하고 함께 웃으면서 어울리기도 합니다. 혼자서 고통을 감당하는 것은 버겁고 외로운 일입니다. 그래서 마음이 힘들 때 친구와 선배가 도움이 됩니다. 하지만 누구에게도 속상한 마음을 표현할 수 없을 때 밖으로 나와 신선한 공기를 마시면 기분을 전환이 됩니다. 머리가 복잡하고 마음이 무거운 날에 운동화를 신고 가볍게 달리다 보면 어느새 가쁜 숨과 땀방울이 흐르고 마음이 가벼워져 기분이 상쾌해질 수 있습니다. 해결할 수 없는 고민들에 빠져 살다 보면 어느새 늪처럼 벗어나지 못할 때도 있습니다. 힘들 때 가장 필요한 것은 자신의 처지를 인정하는 용기입니다. 스스로 자신을 위로하고 인정해 주면 마음이 조금씩 풀리고 여유가 생깁니다.

달리기 동아리 회원들도 각자 해결하지 못하는 고민이 있다는 것을 알게 되면서 서로를 이해하게 됩니다. 여러분도 답답할 때 친구들과 함께 신나게 웃으며 뛰노는 시간을 만들어 보면 좋겠습니다.

국어교과 관련 책을 읽고 심화 탐구 학습을 해 보자.

교과연계 진로독서 국어과 예시도서 2			
서명	러닝 하이	출판사	자음과모음
저자	탁경은	출판년도	2021년

독후감상

책을 읽고 난 후 가장 인상깊은 구절이나 장면을 적고, 자신의 생각, 가치관, 삶 등에서 어떤 긍정적인 변화가 생겼는지 구체적으로 적어 보자.

가장 인상깊은 구절이나 장면	잘 살아서 더 좋은 기억을 많이 만들면 돼. 멋지고 아름다운 추억으로 나쁜 기억을 몰아내면 돼, 우리 젊잖아. 다행히 새로운 기억을 만들 시간이 충분하잖아.
생각, 가치관, 삶 등에서 일어난 긍정적인 변화와 느낀 점	체육시간 이외에는 좀처럼 운동을 하지 않는다. 운동을 싫어하는 것은 아니지만 운동할 시간도 없고 점점 몸을 움직이는 것이 귀찮아진다. 책을 읽으며 가장 먼저 든 생각은 달리고 싶다는 마음이었다. 가볍게 달리며 걱정과 고민을 잠시라도 잊을 수 있으면 좋겠다고 생각했다.
가장 인상깊은 구절이나 장면	
생각, 가치관, 삶 등에서 일어난 긍정적인 변화와 느낀 점	

도서 '러닝 하이'를 읽고, 다음 양식에 맞추어 공익광고 스토리보드를 작성해 보세요.

공익광고 만들기		
주제	청소년의 마음 건강을 위한 공익광고 만들기	
화면 구성	자막	구성 의도
1.		
2.		
3.		
4.		

국어 교과 관련 추천 도서 목록

연번	책제목	저자	출판사	출판년도
1	비스킷	김선미	위즈덤 하우스	2023년
2	모두의 연수	김려령	비룡소	2023년
3	너만 모르는 진실	김하연	특별한 서재	2022년
4	느티나무 수호대	김중미	돌베개	2023년
5	블랙박스: 세상에서 너를 지우려면	황지영	우리학교	2022년
6	산책을 듣는 시간	정은	사계절	2018년
7	소금 아이	이희영	돌베개	2023년
8	더 이상 도토리는 없다	최상희	돌베개	2022년
9	우리의 정원	김지현	사계절	2022년
10	순례 주택	유은실	비룡소	2021년

관련고등학교, 관련학과, 관련직업 정보

관련고등학교	국제고등학교, 자율형사립고등학교, 외국어고등학교, 일반고등학교, 예술고등학교, 예술중점고등학교
관련학과	국어국문과, 언어학과, 문예창작학과, 신문방송학과, 미디어학과. 심리학과, 관광통역과, 언어치료학과, 언어과학과, 언어재활과, 한국어학과, 언어학과
관련직업	문학작가, 교사, 언론인, 방송인, 교수, 심리학자, 상담심리사, 인문학 연구원, 논술지도 교사, 방송작가, 독서지도사, 출판물기획가, 출판편집자, 카피라이터, 한국어강사, 언어학연구원, 국제회의통역사, 컴퓨터게임시나리오작가, 드라마작가, 언어치료사, 언어학연구원, 시인

국어교과 관련 책을 읽고 심화 탐구 학습을 해 보자.

선정도서	서명		출판사	
	저자		출판년도	

독후감상

책을 읽고 난 후 가장 인상깊은 구절이나 장면을 적고, 자신의 생각, 가치관, 삶 등에서 어떤 긍정적인 변화가 생겼는지 구체적으로 적어 보세요.

가장 인상깊은 구절이나 장면	
생각, 가치관, 삶 등에서 일어난 긍정적인 변화와 느낀 점	

〈실전연습 2〉에서 고른 책을 읽고, 주인공의 갈등 극복 과정에 대한 본인의 생각을 정리해 보세요.

읽은 책 제목	
주인공의 갈등 (외적, 내적)	
주인공의 갈등 해결 과정	
내가 주인공이라면 어떻게 행동했을까?	
이번 탐구 학습이 자신의 진로 및 진학에 미치는 영향	
활동 후 소감	

영어

미국 영어 문화 수업 합하고 더한 책(김아영, 사람in, 2022)

– 정말 우리는 미국이라는 나라와 미국 영어를 제대로 알고 있는
걸까요?

"선생님, 미국에서는 비가 나쁜 건가요? 도대체 왜요? 우리나라
(사우디아라비아)에서는 비가 오는 게 아주 좋은 일이거든요. 그
러니까 비는 삶에서 행운이나 복과 같은 것들을 상징하죠. 제 이
름 '마타르'도 비를 뜻하는 아랍어예요."

김아영 〈미국 영어 문화 수업 합하고 더한 책〉 중에서

영어는 영어권 국가뿐 아니라 전 세계적으로 서로 다른 언어를
구사하는 사람들이 의사소통을 하기 위해 사용하는 언어입니다.
이러한 이유로 인해 영어는 국제 공용어로서 꼭 배워야 할 언어
로 인식되고 있습니다. 우리나라에서도 어린 아이부터 성인에 이
르기까지 영어를 가르치고 배우고자 하는 열망과 욕구는 사그라
들 줄 모르고 있습니다. 그렇다면, 진정한 영어 실력을 갖추기 위

해서는 무엇이 필요할까요?

한 나라의 언어에는 그 나라 사람들의 생활 패턴과 의사소통 방식이 녹아 있습니다. 미국 영어 속에도 미국 문화가 녹아있지요. 영어 문장 속에 숨어 있는 문화를 이해하지 못했을 때, 무례한 사람으로 오해 받는 경우도 종종 생깁니다. 미국 플로리다 주립대에서 예비 영어 교사들에게 문법을 강의하는 저자는 영어에 반영된 미국의 문화를 날카롭고도 재치있게 독자에게 전달하고자 합니다. 저자는 진정한 영어 실력을 갖추기 위해서는 우리와는 다른 영어문화권 사람들과 원활하고 능숙하게 소통할 수 있는 능력이 필수적이며, 이를 위해서는 영어와 문화에 대한 이해가 필요하다고 말합니다. 아무리 영어를 잘해도 상황 속에서의 행동과 매너, 그리고 화법이 적절하지 않다면 제대로 된 의사소통을 할 수 없으며, 이로 인해 오해를 사는 일이 생길 수 있습니다. 저자는 이 책에서 '겸손'을 대하는 한국인과 미국인의 차이, 미국인들의 의사소통 방식, 미국 남부와 북부의 서로 다른 영어 표현, 단어 강세의 중요성 등을 실제적 예를 사용하여 재미있게 설명해 주고 있습니다. 영어를 단순히 기계적으로 습득하기보다는 영어문화권에 대한 이해를 바탕으로 영어 속 숨은 뜻을 정확하게 이해하고, 영어문화권 사람들과 원활하고 능숙하게 의사소통 하는 것의 중요성을 강조하고 있습니다.

영어로 의사소통을 잘 하기 위해서는 영어문화권에 대한 이해만으로는 부족합니다. 이 책에는 어떻게 하면 영어 실력이 향상되고 영어를 더 잘 할 수 있는지에 대한 비법도 담겨있습니다. 단순히 '학교 수업을 열심히 듣고 열심히 단어를 외우고 공부를 해라'가 아닌, 세계적인 학자들의 이론을 바탕으로 한 체계적이고 다양한 영어 공부법이 한가득 들어있습니다. 수많은 영어 공부법을 읽어보고 서로 비교 분석해 보면서 여러분에게 적합한 학습법을 찾을 수 있을 것입니다.

영어 속 숨겨진 미국 문화에 대한 이해를 토대로 영어문화권 사람들과 원활하고 능숙하게 의사소통을 해 보세요. 또한 책에 소개되어 있는 다양한 영어 공부법을 살펴보고, 자신의 영어 학습법을 점검해 보세요. 더 즐겁게 영어 공부를 할 수 있을 거에요.

교과연계 독서 주제 탐구 학습, 이렇게 해 봐요!

(참고: 2022 개정교육과정 중학교 영어과 내용 체계 및 성취기준)

2022 영어과 교육과정에서는 '영어는 현재 국제적으로 가장 널리 통용되고 있는 언어로서 서로 다른 언어 및 문화 배경을 가진 사람 사이의 주요한 의사소통 수단'이라고 정의하고 있습니다. 따라서 다변하는 미래 사회를 대비하여 언어와 문화 배경이 다른 세계인과 영어로 의사소통하는 역량을 기르는 것이 2022 개정교

육과정 영어과의 목표입니다. 이전 교육과정과의 차이는 교육 내용의 영역을 듣기, 말하기, 읽기, 쓰기의 네 가지 언어 기능 관점에서 분류하던 방식에서 탈피하여 '이해(reception)'와 '표현(production)'의 두 가지 영역으로 설정하였다는 점입니다. 영어지식 정보를 처리하고 사용하는 능력을 기르고, 다양한 매체를 통해 자신의 느낌, 생각, 의견 등을 전달하는 능력을 기르고자 합니다. 본 책에서는 이러한 내용을 반영하여 관련 도서 목록을 제시하였으며, 2022 개정교육과정에서 요구하는 역량을 키울 수 있는 주제 탐구 학습을 위한 활동과 전략을 안내하고 있습니다.

다음 표에 제시된 다양한 탐구학습전략을 활용하여 자신의 진로 및 진학과 연계한 주제 탐구 학습을 통해 2022 개정교육과정에서 요구하는 역량을 키우고 고등학교 입학뿐 아니라 대학 입시를 준비하는 기초를 다져보세요.

영어교과 관련 독서 연계 심화 탐구 학습, 어떻게 할까요?
다음과 같은 방법을 활용해 보세요!

연번	영어교과 관련 독서 연계 심화 탐구 학습 전략		
1	관심분야와 연계하여 주제를 선정한 후 쓰기 활동		
2	다양한 매체와 온라인 자료(영어 사전, 녹음, 학습용 앱, 코퍼스 데이터, 자동 번역, 챗봇 등)를 활용하여 자료를 탐색하고 정리하기		
3	읽고 이해한 내용을 말하거나 쓰기		
4	세계인의 삶과 문화를 표현한 일화, 예술·문학 작품 등을 읽고 영어로 표현된 다양한 문화적 산물을 체험하기		
5	진로와 연계하여 자기주도적 영어 학습 관리(희망하는 진로 분야에서 요구하는 영어의 역할과 영어 능력을 파악하고, 구체적 성취 목표와 학습 방법을 스스로 선택, 계획, 성찰하기)		
목적에 따른 영어 글쓰기	이야기나 서사 및 운문	수필, 단편소설, 대본, 시, 전기문, 여행 일지, 일기, 노래 가사	
	친교나 사회적 목적	이메일, 소셜 미디어, 인터뷰, 초대장, 편지	
	정보 전달 및 교환	공지, 안내, 설명, 보고, 기사, 광고	
	의견 전달 및 교환이나 주장	논설, 연설, 감상문, 사설	

참고자료: 2022 개정교육과정 중학교 영어과 교육과정

	교과연계 진로독서 영어과 예시도서 1		
서명	미국 영어 문화 수업 합하고 더한 책	출판사	사람in
저자	김아영	출판년도	2022년

독후감상

책을 읽고 난 후 가장 인상깊은 구절이나 장면을 적고, 자신의 생각, 가치관, 삶 등에서 어떤 긍정적인 변화가 생겼는지 구체적으로 적어 보자.

가장 인상깊은 구절이나 장면	영어를 공부할 때 생각해 보아야 할 것들과 다양한 이론을 바탕으로 하는 영어 공부법에 대한 소개부분이 가장 기억에 남는다.
생각, 가치관, 삶 등에서 일어난 긍정적인 변화와 느낀 점	영어와 미국 문화의 긴밀한 관련성을 이해하고, 문화적 배경을 알고 나니, 그동안 무작정 외우기만 했던 어려운 영어 표현들이 조금은 더 쉽게 다가왔다. 언어에 그 나라 국민들의 삶이 스며들어있다는 사실은 영어 과목에 대한 흥미를 높여 주었고, 책에 소개된 다양한 영어 학습 방법을 토대로 나만의 영어 학습 방법을 찾기 위해 노력하였다. 학습한 내용을 영어로 정리하거나, 책을 읽고 영어로 소감문을 써 보는 등 '쓰기' 학습에 매력을 느껴 연습한 결과 영어 실력이 많이 향상되었음을 느낄 수 있었다.
가장 인상깊은 구절이나 장면	
생각, 가치관, 삶 등에서 일어난 긍정적인 변화와 느낀 점	

도서 '미국 영어 문화 수업 합하고 더한 책'을 읽고, 만다라트 기법을
활용하여 자기주도적 영어 학습 계획을 세우고 실천해 보세요.

나의 영어 학습 계획

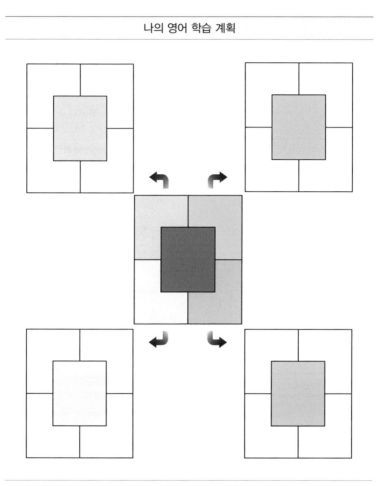

tip. 포털 사이트에서 '만다라트 작성법'을 키워드로 검색해보세요.

영어 교과 관련 추천 도서 목록

연번	책제목	저자	출판사	출판년도
1	영어원서 깊이 읽기	함종선	북하우스	2022
2	한 권으로 끝내는 중학 영문법 마스터	이정우	성림원북스	2019
3	중학교 3년 영어공부법	두예슬	북코디	2020
4	고등 영어 1등급을 위한 중학 영어 만점공부법	박병륜	믹스커피	2022
5	찐 미국 사람 영어회화	로라	바이링구얼	2021
6	미국 문화 교양 공부	유원소	넥서스	2023
7	뉴스 영어의 결정적 심화 표현들	박종홍	사람in	2023
8	미국을 만든 50개 주 이야기	김동섭	미래의창	2021
9	챗GPT 활용 영어 공부	윤근식	포르체	2023
10	미국식 영작문 수업 입문	최정숙	동양북스	2023

관련고등학교, 관련학과, 관련직업 정보

관련고등학교	국제고등학교, 자율형사립고등학교, 외국어고등학교, 일반고등학교, 마이스터고등학교, 특성화고등학교
관련학과	국제어문학과, 글로벌커뮤니케이션학부, 비즈니스영어학과, 영미문학·문화학과, 영미언어문화학과, 영미학과, 영어과, 영어문화학과, 영어산업학과, 영어영문학과, 영어학과, 응용영어콘텐츠학과, 응용영어통번역학과, 해양영어영문학과, 관광통역과, 관광외국어학과, 외국어통역학과, 글로벌실용영어학과, 아동영어학과, 국제관계학과, 항공운항과, 영어교육과
관련직업	외교관, 언어학연구원, 아나운서, 리포터, 인문계 중등학교 교사(영어교사), 번역가, 통역가, 국제개발협력전문가, 국제개발협력기획자, 관광통역안내원, 여행안내원, 호텔종사원, 학원강사, 호텔컨시어지, 국제무역사무원, 국제무역사, 대학교수, 비행기승무원, 선박 및 열차객실승무원

영어교과 관련 책을 읽고 심화 탐구 학습을 해 보자.

선정도서	서명		출판사	
	저자		출판년도	

독후감상

책을 읽고 난 후 가장 인상깊은 구절이나 장면을 적고, 자신의 생각, 가치관, 삶 등에서 어떤 긍정적인 변화가 생겼는지 구체적으로 적어 보세요.

가장 인상깊은 구절이나 장면	
생각, 가치관, 삶 등에서 일어난 긍정적인 변화와 느낀 점	
나의 진로에 도움이 된 점	

〈실전연습 1〉에서 읽은 책을 토대로 탐구 주제를 선정한 후, 다양한 매체와 온라인을 활용하여 자료를 탐색하고 정리해 보자.

탐구학습 주제	예) 효과적인 영어 학습 방법	
활용 매체나 자료	예) 영어 사전, 녹음, 학습용 앱, 코퍼스 데이터, 자동 번역, 챗봇 등	
탐구학습 내용	주제 선정 이유	
	탐색한 자료 정리 및 요약	
이번 탐구 학습이 자신의 진로 및 진학에 미치는 영향		
활동 후 소감		

10대에게 권하는 영문학(박현경, 글담, 2020)

- 영어에 어려움을 느낄지라도 인내심을 가지고 영문학 작품을 접하다 보면 영어 실력뿐 아니라 독서의 즐거움도 깨달을 수 있을 거에요.

밥 딜런(Bob Dylan)의 'Blowin' in the Wind'라는 노래를 아시나요? 전쟁에 반대하는 '반전송'으로 매우 유명하며, 많은 반전운동가들과 젊은이들이 즐겨 불렀다고 합니다. 밥 딜런은 가수로서 최초로 노벨 문학상을 수상하기도 하였습니다. 가수의 노벨 문학상 수상은 문학이란 무엇인가에 대한 논의를 불러 일으켰다고 합니다. 여러분도 문학이란 무엇인지, 어느 영역까지 문학이라고 부를 수 있을지에 대해 생각해 보고, 가수 밥 딜런의 노벨 문학상 수상에 대한 여러분의 생각을 친구들과 함께 나누어 보세요. 문학에 대한 이해가 선행된다면, 영문학에 대한 이해도 훨씬 더 쉬워질 것입니다.

많은 사람들이 영문학을 어려워하는 것은 어찌보면 당연한 일인지도 모릅니다. 문학이라는 분야도 쉽지 않은데, 영문학은 언어라는 장애물이 하나 더 있는 느낌이니까요. 이 책의 저자는 영문학의 가치, 영문학과에서 배우는 커리큘럼, 영문학을 공부해야 하는 이유 등을 상세하게 설명하면서 10대 청소년들이 문학, 특히 영문학에 조금 더 쉽게 다가갈 수 있도록 이끌어 줍니다. 또한 영어와 영문학을 좋아하고 이 분야에 관심 있는 학생들이 진학을 희망하는 영어영문학과와 영어교육과를 자세하게 비교·분석해 주면서 진로 및 진학에 대한 팁까지 제공하고 있습니다. 무엇보다도 누구나 어렵게 느끼는 영문학이라는 분야를 쉽게 이해할 수 있도록 안내하고 있는 것이 이 책의 장점입니다.

연인을 불멸의 존재로 그려낸 셰익스피어의 아름다운 시, 인간이 낙원을 잃고 되찾는 과정을 보여주는 밀턴의 '실낙원', 4월의 잔인함을 노래한 T. S. 엘리엇의 '황무지' 등 현재까지 찬사를 받는 대표적인 영시를 이 책을 통해 감상해 보는 시간을 가져 보세요. 청소년들에게는 다소 어렵다고 느껴질 수 있는 영시를 한 편의 이야기처럼 쉽고 재미있게 이해할 수 있도록 하기 위해 시인의 삶과 역사적 배경에 대한 설명을 함께 담았습니다.

영국의 위대한 극작가 셰익스피어, 최초의 영소설인 대니얼 디포(Daniel Defoe)의 '로빈슨 크루소'등 영문학에서 빼놓을 수 없는 희곡과 소설 분야까지도 폭넓게 다루고 있습니다. 작가의 이야기를 읽다 보면 어느새 영문학에 빠져들고 있는 자신의 모습을 발견할 수 있을 거에요. 시, 소설, 희곡 등 다양한 분야의 영문학을 접해봄으로써 영문학에 대한 인식을 높이고, 문학 감상의 즐거움을 느껴볼 수 있는 의미 있는 시간을 가질 수 있을 것입니다.

작가는 독자들에게 우정, 사랑과 결혼, 가치관, 자존감 등 다양한 주제에 따른 영문학 작품을 소개하고 있습니다. 이 책에는 문학 작품을 통해 간접 경험을 하고, 지혜를 얻고, 생각을 키우고, 더욱 성장할 수 있기를 희망하는 작가의 바람이 한가득 담겨있습니다.

여러분도 이 책을 통해 영문학을 이해하는 것을 넘어서서 영문학 작품 감상을 통해 즐거움을 느끼고, 한 걸음 더 성장하는 시간을 가져 보세요. 영문학 작품 감상은 단지 영어영문학과와 영어교육과를 진학하고자 하는 학생뿐 아니라 교양을 쌓고자 하는 모든 사람들에게 유익한 활동입니다.

교과연계 진로독서 영어과 예시도서 2			
서명	10대에게 권하는 영문학	출판사	글담
저자	박현경	출판년도	2020년

독후감상

책을 읽고 난 후 가장 인상깊은 구절이나 장면을 적고, 자신의 생각, 가치관, 삶 등에서 어떤 긍정적인 변화가 생겼는지 구체적으로 적어 보자.

가장 인상깊은 구절이나 장면	마녀의 예언을 듣고, 왕이 되기 위해 신의를 저버린 맥베스에 대한 이야기가 가장 인상깊었다.
생각, 가치관, 삶 등에서 일어난 긍정적인 변화와 느낀 점	맥베스에 대한 이야기를 읽으면서 우정이란 무엇인지에 대해 깊이 생각하게 되었다. 시험을 보고, 점수와 등수를 받으면서, 함께 생활하고 공부하는 친구들은 나의 경쟁 상대라고 생각했다. 그러다보니, 요즘 가장 큰 고민은 '나에게 진정한 친구가 있을까'이다. 힘들 때 기댈 수 있고 서로를 진심으로 응원해줄 수 있는 그런 친구가 있으면 좋겠다. 나의 욕심과 경쟁심이 지나친 것은 아닌지 나 자신을 돌아보는 계기가 되었다. 욕심과 경쟁심을 조금 내려놓고, 내가 먼저, 함께 손잡고 오래 걸어갈 수 있는 친구가 되기 위해 노력해야겠다.
가장 인상깊은 구절이나 장면	
생각, 가치관, 삶 등에서 일어난 긍정적인 변화와 느낀 점	

도서 '10대에게 권하는 영문학'에 소개된 문학작품 중, 한 가지를 골라 읽고, 심화 탐구 학습을 진행해 보자.

영문학 작품 심화 탐구 학습	
작품명	예) 맥베스
장르	예) 희곡
주제	예) 우정
내용 요약	
작품 들여다 보기	작품 속에 녹아있는 삶과 문화
	나의 성장에 미친 영향

영어 교과 관련 추천 도서 목록

연번	책제목	저자	출판사	출판년도
1	영문학 인사이트	박종성	렛츠북	2021
2	MT 영어영문학	장영준	청어람	2020
3	번역: 황석희	황석희	달	2023
4	하지 말라고는 안 했잖아요?	안톤 허	어크로스	2023
5	괜찮아 어법	조정석	메가스터디북스	2023
6	1984(초판 완역본)	조지 오웰	올리버	2024
7	셰익스피어 4대 비극	윌리엄 셰익스피어	다상	2023
8	앵무새 죽이기	하퍼 리	미메시스	2020
9	A long walk to water	린다 수 박	Clarion Books	2013
10	Wonder: Illustrated Edition: 원더 일러스트판(미국판)	R. J. 팔라시오	Alfred A. Knopf Books for Young Readers	2022

진학정보

관련고등학교, 관련학과, 관련직업 정보

관련고등학교	국제고등학교, 자율형사립고등학교, 외국어고등학교, 일반고등학교, 마이스터고등학교, 특성화고등학교
관련학과	국제어문학과, 글로벌커뮤니케이션학부, 비즈니스영어학과, 영미문학·문화학과, 영미언어문화학과, 영미학과, 영어과, 영어문화학과, 영어산업학과, 영어영문학과, 영어학과, 응용영어콘텐츠학과, 응용영어통번역학과, 해양영어영문학과, 관광통역과, 관광외국어학과, 외국어통역학과, 글로벌실용영어학과, 아동영어학과, 국제관계학과, 항공운항과, 영어교육과
관련직업	외교관, 언어학연구원, 아나운서, 리포터, 인문계중등학교교사(영어교사), 번역가, 통역가, 국제개발협력전문가, 국제개발협력기획자, 관광통역안내원, 여행안내원, 호텔종사원, 학원강사, 호텔컨시지어, 국제무역사무원, 국제무역사, 대학교수, 비행기승무원, 선박 및 열차객실승무원

영어교과 관련 책을 읽고 심화 탐구 학습을 해 보자.

선정도서	서명		출판사	
	저자		출판년도	

독후감상

책을 읽고 난 후 가장 인상깊은 구절이나 장면을 적고, 자신의 생각, 가치관, 삶 등에서 어떤 긍정적인 변화가 생겼는지 구체적으로 적어 보세요.

가장 인상깊은 구절이나 장면	
생각, 가치관, 삶 등에서 일어난 긍정적인 변화와 느낀 점	
나의 진로에 도움이 된 점	

〈실전연습 2〉에서 읽은 책을 토대로 목적에 따른 영어 글쓰기를 해 보세요.(tip! 대화형 인공지능 챗봇(chatGPT 등)을 활용할 수 있어요.)

목적에 따른 영어 글쓰기 유형	* 다음 중 한 가지를 선택해서 동그라미 해 보세요.	
	이야기나 서사 및 운문	수필, 단편소설, 대본, 시, 전기문, 여행 일지, 일기, 노래 가사
	친교나 사회적 목적	이메일, 소셜 미디어, 인터뷰, 초대장, 편지
	정보 전달 및 교환	공지, 안내, 설명, 보고, 기사, 광고
	의견전달 및 교환이나 주장	논설, 연설, 감상문, 사설
탐구학습 주제	예) 책 소개 광고 글쓰기	
탐구학습 내용 (실전 글쓰기)		
이번 탐구 학습이 자신의 진로 및 진학에 미치는 영향		
활동 후 소감		

03
수학

망할 놈의 수학(카를로 프라베티, 문학동네, 2022)
– 수학의 미로에서 길을 잃은 이 세상 모든 앨리스에게 권하는 책

"그것 봐라, 셈을 할 줄 알잖니, 그게 바로 모든 수학의 기초이자 시작이란다. 너는 조금 전에 수학은 아무짝에도 쓸모가 없다고 말했어. 그런데 만약 우리가 숫자라는 걸 사용하지 않고 셈을 할 줄 몰랐다면 이 세상이 어떻게 되었을까?"

카를로 프라베티 〈망할 놈의 수학〉 중에서

수학 수업 시간만 되면 머리가 아파오던 시절이 있었어요. 너무 어려워서 한계를 뛰어넘지 못하고 수학에 흥미를 잃게 되었지요. 재미있게 공부할 수 있는 방법은 없을까? 수학을 설명하는 많은 이론이나 공식이 창의력과 응용이 요구되는 수학 교육의 본질에서 벗어난 경우가 많기 때문에 수학을 어렵게 생각하고 멀리하게 된건지도 모르겠어요. 작가는 〈망할 놈의 수학〉에서 수학이 어려운 공식과 기호를 무조건 외우고 계산해서 해답을 구하는 학문이 아니라, 일상 생활 속에서 논리를 발견하고 이해해 나가는 과정임을 주인공 앨리스를 통해 보여주고 있습니다.

앨리스는 수학적 원리가 풍성한 환상의 나라에서 수학 마법의 비밀을 깨달으며 신나는 모험을 즐깁니다. 잔혹한 하트 여왕, 이야기로 할 수 있는 소수의 특성, 에라토스테네스의 체로 걸러본 소수들의 목록, 제 아무리 복잡한 미로라 하더라도 한쪽 벽을 손으로 잡고 그 손을 떼지 않은 채 계속 따라가면 미로를 탈출할 수 있다는 위상기하학의 원리, 구구단, 덧셈과 뺄셈의 교환법칙까지 일깨워 준 암소 여인 미노바카, 밀알 사막에서 만난 사르함 왕의 체스판이 품은 기하급수의 비밀 등 숫자 나라에서의 여행을 통해 앨리스는 상상력과 호기심을 유감없이 발휘합니다.

『망할 놈의 수학』은 이야기 형식으로 원리를 풀어나가며 수학에 대한 흥미와 논리적 사고력을 높일 수 있도록 하는 동시에, 바람직한 수학 교육의 방향도 제시하고 있습니다

작품 속에서 미스터리한 수학자는 먼저 앨리스가 좋아하는 '이야기'로 흥미를 이끌어낸 다음, '아는 것이 나올 때' 앨리스가 관심과 의욕을 보인다는 점에 착안해, 처음부터 어려운 개념을 설명하기보다 아이의 눈높이에 맞춘 적절한 비유와 알기 쉬운 예를 들며 수학적 개념을 차근차근 들려줍니다. 또한 일방적으로 가르치기만 하거나 다그치는 것이 아니라, 앨리스가 스스로 문제를

해결할 수 있도록 생각을 이끌어 내고 충분한 시간을 주면서 기다리는 모습을 보입니다. 그 과정에서 앨리스는 '수학은 재미없다'는 무조건적인 편견에서 벗어나 호기심을 품고 질문을 주고받으며 자발적으로 수학을 즐기기 시작합니다. 학생들이 수학을 싫어하는 이유는 반복되는 문제풀이에 싫증나고, 모르는 개념이 계속해서 쏟아지고, 이해를 못했거나 답이 틀렸을 때 교사와 부모들이 다그치기 때문입니다. 이 책의 작가 카를로 프라베티는 아이들이 수학에 흥미를 가지기 위해서는 수학을 가르치는 사람 역시 변화해야 한다고 말합니다.

교과연계 독서 주제 탐구 학습, 이렇게 해 봐요!

(참고: 2022개정교육과정 중학교 수학과 내용 체계 및 교수 학습 방법)

2022개정교육과정에서 수학과는 수학의 고유한 특성과 학습의 필요성을 제시하고 있습니다. 수학 교과 역량을 함양하기 위해 문제해결추론, 의사소통, 연결, 정보처리역량을 각각 함양할 수 있도록 편성하고 있습니다. 또한 수학 학습은 자연과학, 공학, 의학 뿐만 아니라 사회과학, 인문학, 예술 및 체육분야 등 다양한 직업에서 요구되는 수리 소양을 형성하는데 기초가 되며, 나아가

미래 사회를 주도할 창의성 능력을 향상 시킬 수 있도록 구성하고 있습니다.

수학교육과정에서는 토의 토론 학습, 협력 학습, 탐구학습, 프로젝트학습, 놀이 및 게임 학습 등 다양한 방법으로 수학을 배울 수 있도록 안내하고 있습니다. 수학 관련 진로 독서를 통해 수학적 역량을 향상시키는 계기로 활용할 수 있습니다.

본 책에서는 이러한 내용을 반영하여 관련 도서 목록을 제시하였으며, 2022개정교육과정에서 요구하는 핵심역량을 키울 수 있는 주제 탐구 학습을 위한 독서 활동과 전략을 안내하고 있습니다.

예시로 제시된 도서 〈망할놈의 수학〉, 〈청소년을 위한 수학의 역사〉등과 수학교과 관련 도서 목록을 참고하여 책을 읽고 자신의 삶 속에서 행복한 미래를 상상할 수 있는 긍정적인 변화를 가져다 줄 수 있는 탐구 보고서를 작성해 봅니다. 제시된 활동지에 책 속에서 얻은 정보와 삶의 가치를 활용하여 자신의 진로 및 진학과 연계하여 고등학교 진학 뿐만 아니라 대학 입시를 준비하는 기초로 삼아 봅시다.

수학교과 관련 독서 연계 심화 탐구 학습, 어떻게 할까요?
다음과 같은 방법을 활용해 보세요!

연번	수학교과 관련 독서 연계 심화 탐구 학습 전략
1	탐구 보고서 작성하기(관심현상 심층탐구)
2	특정 주제에 대해 토의 토론 학습을 통해 수학 내용을 폭넓게 이해하기
3	호기심과 흥미를 유발하는 놀이를 통해 수학 개념과 원리 탐구하기
4	실생활에 적용되는 수학의 유용성에 대해 분석하기
5	모형을 이용하여 현상을 설명하거나 예측하기
6	수학적 사고와 디지털 탐구 도구 활용하기
7	변인 간의 관계를 이끌어내기 위해 자료를 수집하고 이를 그래프로 변환하여 해석하기
8	수학적 탐구활동을 통해 결과물을 산출하고 공유하는 프로젝트 학습 실시하기

참고자료: 2022 개정교육과정 중학교 수학과 교육과정

교과연계 진로독서 수학과 예시도서 1			
서명	망할 놈의 수학	출판사	문학동네
저자	카를로 프라베티	출판년도	2022년

독후감상

책을 읽고 난 후 가장 인상깊은 구절이나 장면을 적고, 자신의 생각, 가치관, 삶 등에서 어떤 긍정적인 변화가 생겼는지 구체적으로 적어 보자.

가장 인상깊은 구절이나 장면	"너는 조금 전에 수학은 아무짝에도 쓸모없다고 말했어, 그런데 만약 우리가 숫자라는 걸 사용하지 않고 셈도 할 줄 몰랐다면, 이 세상은 어떻게 되었을까?"(p9) "카드 0인데, 곱하기 부호를 가지고 있거든, 너도 이미 알겠지만 어떤 숫자든 0을 곱하게 되면 곧바로 사라져 버린단다."(p38)
생각, 가치관, 삶 등에서 일어난 긍정적인 변화와 느낀 점	수학이 어렵게만 느껴졌던 나에게 이 책은 수학과 친해지는 계기가 됐다. 수학은 문제만 잘 풀어서 되는 과목도 아니고 우리 일상생활 속에서 수학의 원리를 찾아가는 공부를 한다면 수학은 나에게 즐거운 과목이 될 것이다.
가장 인상깊은 구절이나 장면	
생각, 가치관, 삶 등에서 일어난 긍정적인 변화와 느낀 점	

도서 '망할 놈의 수학'을 읽고, 일상생활 속에서 수학 원리를 적용하여
활동하고 발표하자.

활동 주제	예) 교환법칙을 일상활동에 적용해보자
수학 원리 및 설명	예) 교환법칙은 두 수나 대상을 더하거나 곱할 때 그 순서를 바꾸어도 결과가 같다는 원칙이다. 예를들어 a+b=b+a와 같이 순서를 바꾸어도 합은 변하지 않는다.
일상 활동	예) 교통수단을 이용할 때 버스와 지하철을 이용하여 특정 장소로 가는데 각각의 이용요금이 다르다고 해도 총 이용요금은 이용순서와 상관 없이 같다.
탐구결과	예) 교환법칙은 요리, 쇼핑, 여행 계획 및 재정관리와 같은 다양한 일상활동속에서 발견할 수 있다. 이를 응용함으로써 일상적인 작업을 더 유연하게 접근할 수 있으며, 다양한 상황에서 더 좋은 결정을 내릴 수 있다.

수학 교과 관련 추천 도서 목록

연번	책제목	저자	출판사	출판년도
1	수학 귀신	한스 마그누스 엔턴스베르거	비룡소	2019
2	나의 첫 AI 수학	오세준	맘에드림	2023
3	수학이 필요한 시간	김민형	인플루엔션	2018
4	수학이 보이는 가우디 건축	문태선	궁리출판	2021
5	이상한 수학책	벤 올린	북라이프	2020
6	이런 수학은 처음이야	최영기	21세기북스	2020
7	법정에 선 수학	레일라 슈넵스	아날로그	2020
8	신화 속 수학이야기	이광연	경문사	2022
9	이렇게 생긴 수학	전국수학교사모임	봄나무	2022
10	수학 비타민 플러스 UP	박경미	김영사	2021

관련고등학교, 관련학과, 관련직업 정보

관련고등학교	국제고등학교, 자율사립고등학교, 일반고등학교, 과학고등학교, 마이스터고등학교, 과학중점고등학교, 영재고등학교
관련학과	수학과, 수학교육학과, 수학응용통계학과, 금융수학과, 수리금융학과, 정보통계학과, 응용수학과 정보보안암호수학과, 통계학과, 컴퓨터응용수학과 등
관련직업	수학교사, 교수, 변리사, 회계사, 계리사, 수학교육행정가, 보험관리자, 출판물기획자, 보험 사무직, 금융자산운용가, 학원 강사, 수학연구원, 인공위성개발원, 애널리스트, 통계사무원

'수학과' 인재상 및 갖춰야할 자질

- 문제 해결 과정에 흥미를 느낀다.
- 끈기를 가지고 하나의 문제를 풀어 나갈 수 있다.
- 창의적으로 수학 문제를 풀어나갈 수 있다.
- 논리적인 사고와 수리능력을 갖추어야 한다.
- 호기심을 가지고 사물을 꼼꼼하게 살펴볼 수 있는 관찰력이 있어야 한다.
- 수학 분야의 사업에 관심 있는 사람이다.

수학교과 관련 책을 읽고 심화 탐구 학습을 해 보자.

선정도서	서명		출판사	
	저자		출판년도	

독후감상

책을 읽고 난 후 가장 인상깊은 구절이나 장면을 적고, 자신의 생각, 가치관, 삶 등에서 어떤 긍정적인 변화가 생겼는지 구체적으로 적어 보세요.

가장 인상깊은 구절이나 장면	
생각, 가치관, 삶 등에서 일어난 긍정적인 변화와 느낀 점	

〈실전연습 1〉에서 고른 책을 읽고, 책 속에서 질문을 만들고 모둠별로 토의해보자.

토의 토론 학습 주제		수학자가 되어 토의 토론 하기
모둠원		
질문 만들기	질문 1	
	질문 2	
	질문 3	
토의 내용		
활동 후 소감		

청소년을 위한 수학의 역사 (한상직, 초록서재, 2023)

– 수의 발견부터 인공지능까지 세계사에 숨은 수학 이야기

"대포의 탄환을 목표물에 정확히 맞추기 위해서는 거리와 방향을 측정하는 것이 중요합니다. 관측자는 목표물의 방향과 대포에서 목표물까지의 거리를 측정합니다. 곡사포 사수는 관측자가 알려 주는 방향과 거리에 맞춰 포격을 하고요. 그렇지만 전쟁터에서 적군의 진지까지 거리를 재기 위해 직접 갈 수는 없습니다. 직접 가지 않고 거리를 재는 방법은 삼각비를 활용하는 것입니다. 고대 문명에서 천문관측에 사용되었던 삼각비가 대포의 거리 측정에도 사용됩니다."

한상직 〈청소년을 위한 수학의 역사〉 중에서

지금으로부터 1만 년 전 마지막 빙하기가 끝나고 지구는 따뜻해지기 시작했습니다. 지구를 넓게 덮고 있던 빙하는 극지방으로 물러나고, 아열대 지역과 온대 지역이 넓어지면서 식물이 번성하고 동물도 늘어났어요.

인류는 처음 지구에 나타나면서 동물을 사냥하는 수렵과 먹을 수 있는 열매를 줍는 채집활동으로 먹거리를 해결했습니다. 점차 목축과 농사를 시작하면서 사람들은 수를 세기 시작했습니다. 돌보는 가축들이 저녁에 무사히 우리로 돌아왔는지, 가을에 수확한 곡식들이 얼마만큼인지 확인하려면 수를 셀 수 있어야 했습니다. 이집트에서는 농민에게 토지를 나누어 주기 위해, 그리고 세금인

곡식의 양을 측정하기 위해 기하학이 발달했습니다. 주판에서 시작된 계산기기는 암호 해독을 위해 개발된 코로서스를 시작으로 '프로그래밍이 가능한 전자식 계산 기계'로 발전합니다. 컴퓨터가 슈퍼컴퓨터와 개인용 컴퓨터로 발전하면서 사람이 제시한 프로그램만 시행하는 것이 아니라 스스로 학습해서 진화하는 인공 지능으로 발전하고 있습니다. 경우의 수가 너무 많아서 결코 컴퓨터가 사람을 이길 수 없다고 생각했던 바둑에서 인공 지능 프로그램 알파고가 사람을 이깁니다. 이제 인공지능은 현실이 되었습니다. 인공 지능의 수학적 원리와 빅데이터 그리고 블록 체인의 원리에 대해 배워야 합니다.

학교에서 수학을 배우면서 "선생님 수학을 왜 배워요?"라는 질문을 많이 합니다. 요즘에는 이 과목을 왜 배워야 하는지 자세히 알려주고는 있지만 여전히 학생들에게 수학은 가까이 다가갈 수 없는 존재라고 느껴집니다. 청소년들이 많이 접하는 암호, 게임, 컴퓨터, 인공지능은 근본 원리가 수학에서 나온 것인데 우리는 이런 분야의 수학적 원리를 잘 설명하지 못하고 있습니다.

과거와 현재 그리고 미래에도 우리 삶의 많은 분야에서 근본을 찾아가다 보면 결국 수학으로 연결된다는 것을 우리는 깨달아야 합니다. 수학은 각 시대와 문명이 해결해야 할 과제와 함께 발전해왔습니다. 각 문명에서 해결해야 할 과제는 생산과 분배, 전쟁에서 잘 나타났고, 이러한 문제를 해결하는데 수학이 직접적 또는 간접적으로 사용됐습니다. 이처럼 필요에 따라 생겨난 역사와 함께 발달하고 사람들의 일상생활 속에서 알게 모르게 사용된 수학의 역사를 알고 그 원리를 이해하면 수학에 흥미와 호기심을 느끼게 되고 자연스럽게 수학과 친해질 수 있을 것입니다. 역사 속에서 수학의 원리와 개념을 이해하면서 어려웠던 수학과 좀 더 재미있게 친해지는 계기를 만들어 보면 좋겠습니다.

교과연계 진로독서 수학과 예시도서 2			
서명	청소년을 위한 수학의 역사	출판사	초록서재
저자	한상직	출판년도	2023년

독후감상

책을 읽고 난 후 가장 인상깊은 구절이나 장면을 적고, 자신의 생각, 가치관, 삶 등에서 어떤 긍정적인 변화가 생겼는지 구체적으로 적어 보자.

가장 인상깊은 구절이나 장면	'0'은 없음을 의미하는 수로, 철학의 나라 인도에서 만들어졌습니다. 우리 눈에는 보이는 수뿐만 아니라 보이지 않는 수도 의미가 있다는 것을 알려주고 있습니다. (인도 수학) 뉴턴의 고전 역학을 이용하면 날아가는 포탄의 궤적을 알 수 있고, 포탄이 어디에 떨어질지도 정확하게 계산할 수 있었습니다. (미분과 적분)
생각, 가치관, 삶 등에서 일어난 긍정적인 변화와 느낀 점	수학에도 역사가 있다. 역사의 시작에서부터 수를 관찰하여 이야기를 들려주는 책이다. 학년이 올라갈수록 어렵게만 느껴졌던 수학이 역사를 배우게 되면서 좀더 가까이 다가갈 수 있게 됐다.
가장 인상깊은 구절이나 장면	
생각, 가치관, 삶 등에서 일어난 긍정적인 변화와 느낀 점	

도서 '청소년을 위한 수학의 역사'를 읽고, 아래와 같이 활동을 해봐요.

수학자들의 어록을 정리해봐요	
수학자	명언

수학 역사를 연대표로 정리해봐요

활동 후 소감 또는 느낀점	

수학 교과 관련 추천 도서 목록

연번	책제목	저자	출판사	출판년도
1	중학교부터 시작하는 최상의 1% 수학 프로젝트	사카마카 아키	동아엠앤비	2023
2	피타고라스 생각수업	이광연	유노라이프	2023
3	미치도록 기발한 수학 천재들	송명진	블랙피쉬	2022
4	세상에서 수학이 사라진다면	매트 파커	다산사이언스	2023
5	소설처럼 아름다운 수학이야기	김정희	혜다	2018
6	수학이 막히면 깨봉수학	조봉한	매경주니어북스	2021
7	적분이 콩나물 사는데 무슨 도움이 돼?	쏭샘, 정담	루이페이퍼	2021
8	수학으로 생각하는 힘	키트 예이츠	웅진지식하우스	2020
9	푸른 수학	오조 유키	탐	2018
10	떡볶이를 두고 방정식을 먹다	박기복	행복한 나무	2018

관련고등학교, 관련학과, 관련직업 정보

관련고등학교	국제고등학교, 자율사립고등학교, 일반고등학교, 과학고등학교, 마이스터고등학교, 과학중점고등학교, 영재고등학교
관련학과	수학과, 수학교육학과, 수학응용통계학과, 금융수학과, 수리금융학과, 정보통계학과, 응용수학과, 정보보안암호수학과, 통계학과, 컴퓨터응용수학과 등
관련직업	수학교사, 교수, 변리사, 회계사, 계리사, 수학교육행정가, 보험관리자, 출판물기획자, 보험 사무직, 금융자산운용가, 학원 강사, 수학연구원, 인공위성개발원, 애널리스트, 통계사무원

'수학교육과' 인재상 및 갖춰야할 자질

• 학생을 가르치는 것에 흥미와 애정이 있어야 한다.
• 수학교육 및 수학 관련 분야 사업에 관심 있는 사람이어야 한다.
• 수학적 사고와 합리적 의사소통 능력을 갖추어야 한다.
• 논리적인 사고와 수리능력을 갖추어야 한다.
• 호기심을 가지고 사물을 꼼꼼하게 살펴볼 수 있는 관찰력이 있어야 한다.
• 문제가 발생하면 끈기를 가지고 풀어 나갈 수 있어야 한다.

수학교과 관련 책을 읽고 심화 탐구 학습을 해 보세요.

선정도서	서명		출판사	
	저자		출판년도	

독후감상

책을 읽고 난 후 가장 인상깊은 구절이나 장면을 적고, 자신의 생각, 가치관, 삶 등에서 어떤 긍정적인 변화가 생겼는지 구체적으로 적어 보세요.

[작가는 왜 이 책을 썼을까?]

[작가는 무엇을 말하는가? / 핵심적인 내용]

[나의 생활에 어떻게 적용 할 것인가? / 실천 사항 및 감상, 느낌]

[인상 깊은 구절 쓰기]

[인상 깊은 구절 선정 이유]

〈실전연습 2〉에서 고른 책을 읽고, 수학과 관련된 직업을 인터넷 검색을 통해서 찾아보자. *커리어넷 직업백과 적성유형별 검색 참고

직업 정보 탐색 방법	커리어넷→학과정보→수학 관련 학과 탐색 워크넷→진로와 직업→학과 정보→수학 관련 학과 탐색	
수학 관련 관심 있는 학과	커리어넷 접속→직업백과→적성유형별 검색	
탐구학습 내용	학과명	
	학과 정보	
	적성 및 흥미	
	관련 자격증	
	관심 직업	
이번 탐구 학습이 자신의 진로 및 진학에 미치는 영향		
활동 후 소감		

04
과학

야밤의 공대생 만화(맹기완, 뿌리와 이파리, 2017)

공과대학 대학원에 재학중인 저자는 흥미로운 만화를 통해 과
학자들의 연구와 발명의 숨은 이야기를 술술 펼칩니다. 지루한
학습 만화를 탈피해서 과학자들이 살았던 시대의 모습을 생생하
게 보여줍니다. 특히 과학자와 나누는 가상 인터뷰는 과학자들에
게 궁금한 점을 시원하게 알려줍니다. 숫자와 기호에 가려진 과
학의 세계에는 수많은 과학자들의 연구와 과학의 난제를 해결하
기 위한 노력이 숨어 있습니다. 과학자들은 연구 성과를 경쟁하
고 협력하면서 이론을 정립해 왔습니다. 또한 앞선 연구자들의
연구 성과를 바탕으로 이론은 한 걸음씩 앞으로 나아갑니다.

과학자들의 연구 동기는 사람마다 다릅니다. 순수한 지적 호기
심으로 연구를 하기도 하고 돈과 명예를 얻기 위해 연구를 하기
도 합니다. 어떤 과학자들은 실용적인 목적으로 연구하고 어떤
과학자는 새로운 발견을 위해 연구를 합니다. 과학자는 개인적인

연구로 성과를 내기도 하고 대학이나 기관에 소속되어 동료들과 함께 연구하기도 합니다. 과학적 발견이나 발명은 일상에 적용되면서 다양한 제품이 만들어지고 우리의 삶을 편리하게 해 줍니다. 하지만 과학적 발명이 오히려 인류 문명을 위협하기도 합니다.

우리가 과학에서 배워야 할 태도가 있습니다. 객관적 사실과 합리적 근거에 바탕을 두는 논리적 사고입니다. 실험과 이론에 의해 검증된 것을 객관적 사실로 인정하는 태도입니다. 또한 과학자들이 합의한 이론이나 연구를 바탕으로 더 발전된 이론을 만들어 가는 방식입니다. 가장 중요한 것은 언제든지 기존의 이론이나 지식은 바뀔 수 있다는 열린 사고입니다. 현실에는 해결해야 할 많은 사회적 문제가 있습니다. 과학의 객관적 사고 방식으로 문제 해결에 접근할 때 합리적인 의사결정을 할 수 있습니다. 이 책을 통해 과학이 왜 필요한지, 과학자가 어떤 역할을 할 수 있을지 생각해 보면 좋겠습니다.

딱딱하고 지루한 이론에 갇힌 과학이 아니라 과학자들의 생생한 이야기를 직접 들을 수 있는 것이 이 책의 장점입니다. 저자의 웃음을 유발하는 장난스러운 말투와 거침없는 가상 질문은 과학이 어렵다는 선입견을 벗어나게 합니다. 때로는 무모하고 모험적인 실험을 하면서 실패를 두려워하지 않는 도전정신을 과학자에게 배우게 됩니다. 때로는 의도하지 않은 실험 결과가 놀라운 과학적 발견으로 이어지기도 합니다. 우리의 삶도 수많은 예외성과 변화의 순간이 있다는 것을 알게 된다면 삶에 대한 긍정적 태도를 갖게 될 것입니다. 과학적 태도로 아직 발견되지 않은 자신의 미래와 인생을 탐구해 나간다면 멋진 삶을 살 수 있을 것입니다.

교과연계 독서 주제 탐구 학습, 이렇게 해 봐요!

(참고: 2022 개정교육과정 중학교 과학과 내용 체계 및 성취기준)

'과학'은 '과학적 소양을 갖추고 더불어 살아가는 창의적인 사람'을 육성하기 위한 교과입니다. 자연 현상과 일상생활에 대하여 흥미와 호기심을 가지고 과학적 탐구를 통해 주변의 현상을 이해하고, 개인과 사회의 문제를 과학적이고 창의적으로 해결하는 데 민주 시민으로서 참여하고 실천하는 과학적 소양을 기르는 것을 목적으로 합니다. 과학 교과의 세부 목표는 자연 현상과 일상생활에 대한 흥미와 호기심을 바탕으로, 개인과 사회의 문제를 인식하고 과학적으로 해결하려는 태도를 기르는 것입니다. 과학의 탐구 방법을 이해하고 자연 현상과 일상생활의 문제를 과학적으로 탐구하는 능력을 기르고 과학의 핵심 개념을 이해하는 것입니다. 또한 과학과 기술 및 사회의 상호 관계를 이해하고, 개인과 사회의 문제해결에 민주 시민으로서 참여하고 실천하는 능력을 기르는 것입니다.

다음 표에 제시된 다양한 탐구학습전략을 활용하여 자신의 진로 및 진학과 연계한 주제 탐구 학습을 통해 2022 개정교육과정에서 요구하는 역량을 키우고 고등학교 입학뿐 아니라 대학 입시를 준비하는 기초를 다져보세요.

탐구학습전략

과학 교과 관련 독서 연계 심화 탐구 학습, 어떻게 할까요?
다음과 같은 방법을 활용해 보세요!

연번	과학 교과 관련 독서 연계 심화 탐구 학습 전략
1	자연과 일상생활에서 과학 현상을 관찰하고 문제를 찾아 정의하고 가설을 설정하기
2	적절한 변인을 포함하여 탐구 설계하기
3	다양한 과학 현상을 관찰하여 규칙성을 추리하기
4	모형을 만들어 현상을 설명하거나 예측하기
5	탐구 결과를 해석하여 결론을 도출하기
6	자연과 일상생활에서 과학과 기술 및 사회의 상호작용과 관련된 문제를 찾아 정의하고 가설 설정하기
7	결론을 도출하고, 결론의 사회적 가치를 판단하여 과학·기술·사회의 문제 해결 상황에 적용·설명하기
8	타당한 근거에 기초하여 자신의 주장을 펼치고 실천적 대안 마련하기

참고자료: 2022 개정교육과정 중학교 과학 교육과정

교과연계 진로독서 과학과 예시도서 1				
서명	야밤의 공대생 만화	출판사	뿌리와 이파리
저자	맹기완	출판년도	2017년

독후감상

책을 읽고 난 후 가장 인상깊은 구절이나 장면을 적고, 자신의 생각, 가치관, 삶 등에서 어떤 긍정적인 변화가 생겼는지 구체적으로 적어 보자.

가장 인상깊은 구절이나 장면	과학에도 여러 종류가 있습니다. 저 같은 경우에는 실험위주의 과학을 하였기 때문에 직관과 실험 설계 능력이 강점으로 크게 작용했죠. 분야에 따라 다를 텐데, 수학이 필수적인 분야도 있을 겁니다.
생각, 가치관, 삶 등에서 일어난 긍정적인 변화와 느낀 점	과학이 재미있을 때는 실험이나 탐구를 할 때이다. 실험을 통해 새로운 결과를 확인하고 그 과정을 탐구하는 것은 흥미로운 일이다. 하지만 과학을 단순히 공식을 외우는 것이나 문제를 푸는 것이라 생각하면 어렵고 피하고 싶은 과목이 된다. 그동안 과학을 단순히 암기 과목이라고 생각한 이유는 과학 실험의 과정을 충분히 이해하는 노력이 부족했기 때문이라고 생각한다.
가장 인상깊은 구절이나 장면	
생각, 가치관, 삶 등에서 일어난 긍정적인 변화와 느낀 점	

도서 '야밤의 공대생'을 읽고, 책의 인상적인 내용을 네컷 만화로 그려
봅시다.

네컷 만화 그리기	
인상적인 내용	

과학 교과 관련 추천 도서 목록

연번	책제목	저자	출판사	출판년도
1	한입에 쓱싹 편의점 과학	이창욱	휴머니스트	2022년
2	세포부터 나일까? 언제부터 나일까?	이고은	창비	2023년
3	탐정이 된 과학자들	마릴리 피터스	다른	2021년
4	은혜로운 과학생활	서은혜	길벗	2023년
5	왜요, 기후가 어떤데요?	최원형	동녘	2021년
6	지금 우리가 할 수 있는 일	에두아르도 가르시아	청어람 미디어	2023년
7	생태시민을 위한 동물지리와 환경 이야기	한준호 (공저)	롤러코스터	2024년
8	파워풀한 실전 과학 토론	남숙경 (공저)	특별한서재	2022년
9	바이러스 쫌 아는 10대	전방욱	풀빛	2021년
10	과학드림의 이상하게 빠져드는 과학책	김정훈	더퀘스트	2022년

관련고등학교, 관련학과, 관련직업 정보

관련고등학교	과학고등학교, 영재고등학교, 과학중점고등학교, 자율형사립고등학교, 일반고등학교, 특성화고등학교, 마이스터고등학교
관련학과	교양과학부, 지구과학교육과, 환경과학과, 교양사회과학부, 조리과학과, 과학교육과, 지구환경과학과, 대기과학과, 조리학과, 우주과학과, 생명과학과, 컴퓨터과학과, 지구해양과학과, 해양생명과학과, 교양자연과학부, 생물교육과, 물리교육과, 건강관리과, 정보통신공학과, 로봇공학과
관련직업	자연과학연구원, 식품융합엔지니어, 언어학연구원, 심리학연구원, 의료기기 개발연구원, 과학해설사, 국방교육연구원, 자연과학연구원, 생명과학연구원, 수학연구원, 통계연구원, 디지털포렌식수사관, 식품공학기술자, 프로파일러, 유전자감식연구원, 핵융합로연구개발자, 산업보안전문가, 인공지능연구원, 신경회로연구원, 감성인식기술전문가, 빅데이터전문가

과학교과 관련 책을 읽고 심화 탐구 학습을 해 보세요.

선정도서	서명		출판사	
	저자		출판년도	

독후감상

책을 읽고 난 후 가장 인상깊은 구절이나 장면을 적고, 자신의 생각, 가치관, 삶 등에서 어떤 긍정적인 변화가 생겼는지 구체적으로 적어 보세요.

가장 인상깊은 구절이나 장면	
생각, 가치관, 삶 등에서 일어난 긍정적인 변화와 느낀 점	

〈실전연습 1〉에서 고른 책을 읽고, 탐구 주제를 정하여 심화 탐구 학습을 해 보세요.

탐구주제	예) 날씨 변화는 왜 예측하기 어려운가?
탐구동기	
탐구방법	예) 기상청 사이트를 방문하고 기후 예측 시스템을 확인하고 인터넷 자료를 검색하여 날씨에 관련된 예측 변인을 찾아본다.
탐구내용	
결론	

뭉크씨, 도파민 과잉입니다(안철우, 김영사, 2022년)

화가들의 다양한 그림을 보면 인간의 감정은 어떻게 생기고 변화하는지 궁금증이 생깁니다. 과학자와 함께 미술관에 간다면 어떤 이야기를 나누게 될까요? 미술관에 간 과학자는 차근차근 인간의 감정을 호르몬을 통해 소개합니다. 익숙한 이름의 호르몬도 있고 낯선 이름의 호르몬도 만나게 됩니다. 하지만 그림을 보며 호르몬 이야기를 듣다 보면 어느새 내 감정도 쉽게 이해하게 됩니다. 우리가 느끼는 감정은 호르몬의 영향이고 호르몬을 적절하게 조절한다면 더 행복해질 수 있다는 것을 알게 됩니다. 과학자와 미술관을 거닐며 함께 나누는 대화를 통해 감정이라는 미지의 영역을 새롭게 발견하게 됩니다.

화가의 그림에는 삶에서 느끼는 다양한 감정이 드러납니다. 화가는 그림을 통해 삶의 희로애락의 순간을 보여줍니다. 그럼 사람의 감정은 어떻게 변화하는 것일까요? 그 비밀은 바로 호르몬의 변화와 관련이 있습니다. 호르몬은 신진대사물질이라고 합니다. 신체의 균형과 안정을 위해 몸 안에서는 다양한 호르몬이 끊임없이 분비됩니다. 모든 호르몬은 필요한 역할을 하며 건강을 유지하게 합니다. 호르몬을 알게 되면 우리의 감정을 이해하게 되고 행복한 삶을 살아갈 수 있습니다. 호르몬은 우리가 사랑과 행복을 어떻게 경험하는지 과학적으로 설명해 줍니다. 누군가를 사랑하고 열정이 넘쳐나는 것은 엔도르핀 호르몬이 증가하기 때문입니다. 사랑하는 사람을 위해 기꺼이 희생하는 배려의 마음은 옥시토신에서 나옵니다, 그리고 행복감이 넘쳐나는 것은 세로토닌이 증가하기 때문입니다.

호르몬은 우리가 직접 관찰할 수도 없고 감각적으로 확인할 수 없습니다. 우리 몸은 수많은 호르몬의 작용으로 균형이 유지됩니다. 호르몬 불균형은 감정을 불안하게 하고 우울감에 빠지게 합니다. 과학적 지식이 없던 시대에는 감정을 단순히 뇌의 작용이라고 이해하고 의지로 조절할 수 있다고 생각했습니다. 하지만 과학의 발전으로 감정이 호르몬의 작용이라는 것을 알게 되면서 감정 변화의 과정을 호르몬으로 설명할 수 있게 되었습니다. 우리의 몸은 과학으로 아직 설명할 수 없는 미지의 우주입니다. 인류가 연구한 몸에 대한 과학적 설명은 지극히 일부에 불과합니다. 그래서 많은 과학자들이 생명의 원리와 질병의 원인과 치료 방법을 꾸준히 연구하고 있습니다. 또한 과학자들이 함께 연구한 지식을 공유하고 인류의 건강과 삶의 질 향상을 위해 노력합니다.

코로나가 발병했을 때 전 인류의 생명을 위협하는 심각한 질병 상황이 도래했습니다. 코로나 바이러스가 국경을 넘어 퍼져 나가면서 많은 사람들이 생명을 잃고 질병에 걸리는 상황이었습니다. 전세계 과학자들은 코로나 바이러스 백신을 만들기 위해 모든 연구와 기술을 총동원했습니다. 그래서 일반적으로 10년 이상 걸리는 백신 개발이 1년으로 단축되는 놀라운 성과를 만들었습니다. 과학은 이처럼 인간의 생존과 직결되는 질병 치료와 깊은 연관이 있습니다.

호르몬을 이해하는 것은 단순히 과학적 교양을 넓히는 것 이상의 의미가 있습니다. 건강한 삶을 위해 우리는 어떤 노력을 해야 하는지 호르몬을 통해 이해하게 됩니다. 충분한 수면이 필요하고 건강한 식단을 유지하며 적절하게 운동하고 충분한 휴식 시간을 가져야 합니다. 타인을 위해 봉사하고 사랑하는 사람과 많은 시간을 보내는 것이 좋습니다. 우리는 호르몬을 통해 삶이 행복해지는 비밀을 엿볼 수 있습니다.

교과연계 진로독서 과학 예시도서 2				
서명	뭉크씨, 도파민 과잉입니다	출판사	김영사
저자	안철우	출판년도	2022년

독후감상

책을 읽고 난 후 가장 인상깊은 구절이나 장면을 적고, 자신의 생각, 가치관, 삶 등에서 어떤 긍정적인 변화가 생겼는지 구체적으로 적어 보세요.

가장 인상깊은 구절이나 장면	호르몬은 우리가 생각하는 것보다 많은 역할을 합니다. 특히 신진대사의 중추적인 역할을 합니다. 호르몬을 빼놓고는 다양한 신체적 특징과 감정을 설명할 수 없을 정도입니다. 호르몬의 다양한 종류와 기능을 이해하면 몸과 마음의 건강을 챙길 수 있습니다.
생각, 가치관, 삶 등에서 일어난 긍정적인 변화와 느낀 점	막연하게 알고 있었던 호르몬의 기능에 대해 알게 되었고 호르몬이 우리의 일상적인 감정에 큰 영향을 준다는 것을 알게 되었다. 단순히 뇌의 기능에 영향을 받는 것이 감정이라고 생각했는데 신경전달물질인 호르몬의 분비가 감정에 영향을 준다는 것을 깨닫게 되었다. 그림을 통해 호르몬을 이해하는 방식이 새롭고 놀라웠다. 호르몬을 이해하면 타인의 감정을 더 깊게 이해할 수 있다는 것을 알게 되었다.
가장 인상깊은 구절이나 장면	
생각, 가치관, 삶 등에서 일어난 긍정적인 변화와 느낀 점	

도서 '뭉크씨, 도파민 과잉입니다'를 읽고, 어떤 호르몬이 나의 일상에 영향을 주는지 작성해 보고 건강한 삶을 위한 실천을 계획해 봅시다.

호르몬이 나에게 미치는 영향	나에게 가장 많은 호르몬의 이름은 ( )입니다.
	가장 많은 호르몬의 영향
	나에게 가장 부족한 호르몬의 이름은 ( )입니다.
	부족한 호르몬의 영향

		실천 계획
건강한 삶을 위한 실천 계획 세우기	1	
	2	
	3	
	4	
	5	
	6	
	7	
	8	
	9	
	10	

과학 교과 관련 추천 도서 목록

연번	책제목	저자	출판사	출판년도
1	AI×인간 지능의 시대	김상균	베가북스	2024년
2	재미있는 별자리 여행	이태형	김영사	2023년
3	청소년을 위한 이것이 인공지능이다	김명락	슬로디미디어	2022년
4	역사가 묻고 생명과학이 답하다	전주홍	지상의책	2023년
5	요즘 과학	이민환	생각의 힘	2022년
6	과학잡학사전 통조림: 우주편	사마키 다케오	사람과나무사이	2024년
7	우리 우주	조 던클리	김영사	2021년
8	과학하고 놉니다	정용준	위즈덤 하우스	2022년
9	달력으로 배우는 지구환경 수업	최원형	블랙피쉬	2021년
10	이런 물리라면 포기하지 않을 텐데	이광조	보누스	2021년

관련고등학교, 관련학과, 관련직업 정보

관련고등학교	과학고등학교, 영재고등학교, 과학중점고등학교, 자율형사립고등학교, 일반고등학교, 특성화고등학교, 마이스터고등학교
관련학과	교양과학부, 지구과학교육과, 환경과학과, 교양사회과학부, 조리과학과, 과학교육과, 지구환경과학과, 대기과학과, 조리학과, 우주과학과, 생명과학과, 컴퓨터과학과, 지구해양과학과, 해양생명과학과, 교양자연과학부, 생물교육과, 물리교육과, 건강관리과, 정보통신공학과, 로봇공학과
관련직업	자연과학연구원, 식품융합엔지니어, 언어학연구원, 심리학연구원, 의료기기 개발연구원, 과학해설사, 국방교육연구원, 자연과학연구원, 생명과학연구원, 수학연구원, 통계연구원, 디지털포렌식수사관, 식품공학기술자, 프로파일러, 유전자감식연구원, 핵융합로연구개발자, 산업보안전문가, 인공지능연구원, 신경회로연구원, 감성인식기술전문가, 빅데이터전문가

과학교과 관련 책을 읽고 심화 탐구 학습을 해 보세요.

선정도서	서명		출판사	
	저자		출판년도	

독후감상

책을 읽고 난 후 가장 인상깊은 구절이나 장면을 적고, 자신의 생각, 가치관, 삶 등에서 어떤 긍정적인 변화가 생겼는지 구체적으로 적어 보세요.

가장 인상깊은 구절이나 장면	
생각, 가치관, 삶 등에서 일어난 긍정적인 변화와 느낀 점	

〈실전연습 2〉에서 고른 책을 읽고, 과학기술이 윤리적 문제를 유발하는 상황을 찾아 보고 대안을 찾아 보세요.

탐구학습 주제	과학기술의 윤리적 문제와 해결방안	
탐구학습 내용	탐구하고 싶은 과학기술	예) 인공지능, 동물 복제, 원자력 발전, 자율주행
	윤리적 쟁점	
	실생활에 미치는 부정적 영향	
합리적 해결 방안		

05

사회

페인트(이희영, 창비, 2019)

– 부모를 선택할 수 있다면, 누구를 고르시겠습니까?

제누 301. 부모가 없는 아이들을 위해 국가에서 설립한 NC (Nations's Children) 센터에서 생활하고 있는 열일곱 살 소년의 고유번호입니다. 이곳의 아이들은 자신의 이름을 갖고 있지 않습니다. 부모를 만나야 비로소 자신의 이름을 갖게 되지요. 하지만 스무살이 될 때까지 부모를 선택하지 못하면 평생 NC 출신이라는 꼬리표가 따라다니고 이로 인해 사회에서 차별받는 경우가 종종 생기게 됩니다. 사회가 변화했음에도 불구하고 여전히 차별과 편견이 존재하고 있는 미래 사회에서 새로운 이름으로 새로운 인생을 살기 위해 고군분투하고 있는 10대들의 모습은 독자로 하여금 많은 생각을 하게 만듭니다.

제누 301을 비롯한 NC 센터에서 지내고 있는 아이들은 각자가 원하는 부모상과 가족상을 그리면서, 부모 면접을 뜻하는 '페인트(Parent's Interview)'를 통해 직접 부모를 면접 보고 누구를 선택할지 고민하며 미래를 준비합니다. 이렇게 들뜬 마음으로 부모 면접을 준비하고 가족을 기다리는 아이들의 모습과는 대조적으로, 어른들은 진정한 가족의 의미보다는 입양을 통해 나라로부터 받을 수 있는 혜택에만 관심을 보이기도 합니다. 어른들의 이기적인 모습은 NC 센터의 아이들에게 많은 상처를 주고 아이들은 점점 실망하게 됩니다. 희망에 차 있던 아이들이 어른들로 인해 상처를 받고 실망하는 일이 반복되고, 당장 눈앞에 보이는 이익만을 쫓는 어른들의 모습은 우리 사회의 불편한 단면을 보여주기도 하지요.

책을 읽는 동안 책 제목인 '페인트'의 의미에 대해 생각하면서 읽는 것은 독자로 하여금 두 배의 재미를 느끼게 합니다. 'Parent's Interview'라는 부모 면접을 의미하는 영어를 뜻하는 저자만의 언어이기도 하지만, 저자는 '페인트'의 진정한 의미는 10대의 아이들이 부모 면접을 통해 미래를 원하는 모습으로 색칠해 나가는 모습이면서 동시에 부모와 자식이 서로 다른 색으로 물들어 가는 아름다운 과정이라고 말합니다.

그렇다면, 어떤 부모가 진정한 부모이며 자식이란 무엇일까요? 가족 중심 사회이자 부모와 자식 간의 끈끈한 유대가 중시되는 우리 사회에 저자는 독자로 하여금 부모와 자식의 관계를 넘어서 가족의 의미까지 되새겨볼 수 있는 성찰의 시간을 제공합니다. '독립'에 대한 저자의 생각은 우리 시대를 살아가는 부모에게도 시사점을 던집니다. 성인이 된 자녀가 부모를 떠나는 것만이 독립이 아니라 부모 역시 자녀로부터 진정한 부모 독립이 필요하다고 말하지요. 자녀가 스스로 자신의 힘으로 살아가고, 먼발치에서 그 모습을 바라보며 응원해주는 것이 진정한 부모이며, 가족이 아닐까 라는 저자의 생각은 공감을 불러 일으킵니다.

국가에서 센터를 설립해 아이를 키워주는 '양육 공동체'가 실현된 미래 사회를 배경으로 청소년이 직접 부모를 면접하고 선택할 수 있다는 독특한 설정으로 이야기가 전개되는 이희영 작가의 책 '페인트'는 2019년 출간부터 현재에 이르기까지 10대 청소년뿐만 아니라 성인들에게도 많은 공감을 불러 일으키며 여전히 독자들에게 큰 사랑을 받고 있습니다.

교과연계 독서 주제 탐구 학습, 이렇게 해 봐요!

(참고: 2022 개정교육과정 중학교 사회과 내용 체계 및 성취기준)

2022 개정교육과정에서 사회과는 공동체 의식, 평화, 인권, 문화 다양성 등의 민주 시민 관련 내용과 기후위기 대응, 지속가능한 발전, 생태 감수성 등의 생태전환 교육 관련 내용을 반영하여 구성하였습니다. 또한 2022 개정교육과정에서는 사회과 역량을

창의적 사고력, 비판적 사고력, 문제 해결력 및 의사 결정력, 의사소통 및 협업 능력, 정보 활용 능력으로 설정하고 있습니다. 본 책에서는 이러한 내용을 반영하여 관련 도서 목록을 제시하였으며, 2022 개정교육과정에서 요구하는 역량을 키울 수 있는 주제 탐구 학습을 위한 활동과 전략을 안내하고 있습니다.

다음 표에 제시된 다양한 탐구학습전략을 활용하여 자신의 진로 및 진학과 연계한 주제 탐구 학습을 통해 2022 개정교육과정에서 요구하는 역량을 키우고 고등학교 입학뿐 아니라 대학 입시를 준비하는 기초를 다져보세요.

사회교과 관련 독서 연계 심화 탐구 학습, 어떻게 할까요?
다음과 같은 방법을 활용해 보세요!

연번	사회교과 관련 독서 연계 심화 탐구 학습 전략
1	책 속 사회문제탐구 및 해결방안(대안) 제시(정책제안서 작성하기)
2	쟁점이나 문제 상황, 가치 갈등 상황, 인권 침해 사례 등 다양한 상황이나 사례 탐구를 통해 합리적 해결방안 모색하기
3	사회문제에 관한 자신의 견해 정립(신문기사 · 사설 · 칼럼 작성), 공익광고 만들기
4	역할 놀이와 시뮬레이션 게임
5	토의 · 토론, 논술
6	모의재판과 모의국회
7	포트폴리오, 활동 보고서 작성
8	관찰 및 면담, 현장 견학과 체험, 조사

참고자료: 2022 개정교육과정 중학교 사회과 교육과정

교과연계 진로독서 사회과 예시도서 1			
서명	페인트	출판사	창비
저자	이희영	출판년도	2019년

독후감상

책을 읽고 난 후 가장 인상깊은 구절이나 장면을 적고, 자신의 생각, 가치관, 삶 등에서 어떤 긍정적인 변화가 생겼는지 구체적으로 적어 보세요.

가장 인상깊은 구절이나 장면	아이들이 각자 원하는 부모상을 그리며 미래를 대비하는 모습
생각, 가치관, 삶 등에서 일어난 긍정적인 변화와 느낀 점	이 책은 가족 구성원이자 사회 구성원으로서 어떤 사람이 되어야 하는지에 대해 깊이 생각하는 시간을 갖는 계기가 되었다. 당연하다고 생각했던 가족의 소중함과 나는 커서 어떤 어른이자 부모가 되고 싶은지, 미래에 대해 고민하는 시간이었다. 가족 모두에게 이 책을 추천하여 부모님과 동생도 읽은 후, 서로를 존중하며 행복하게 지내자는 가족 화합의 시간을 통해 가족간의 유대감이 더 끈끈해졌다.
가장 인상깊은 구절이나 장면	
생각, 가치관, 삶 등에서 일어난 긍정적인 변화와 느낀 점	

도서 '페인트'를 읽고, 다음 양식에 맞추어 정책제안서를 작성해 보세요.

정책제안서	
정책 제목	저출산 문제 해결을 위한 중장기 프로젝트
현황 및 문제점	〈정책 제안 배경 및 문제점 분석〉
개선방안 (정책내용)	〈위 문제점을 개선할 수 있는 구체적인 아이디어 및 추진방안〉
기대효과	〈제안하는 정책의 효과〉

위와 같이 정책제안서를 제출하고자 합니다.

20   년   월   일

신청자(대표) 성명   (인)

사회 교과 관련 추천 도서 목록

연번	책제목	저자	출판사	출판년도
1	죽은 경제학자의 살아있는 아이디어	토드 부크홀츠	김영사	2023
2	SNS와 스마트폰 중독 어떻게 해결할까?	김대경 외	동아엠앤비	2023
3	세계시민을 위한 없는 나라 지리 이야기	서태동 외	롤러코스터	2022
4	펠릭스는 돈을 사랑해	니콜라우스 피퍼	비룡소	2000
5	청소년을 위한 빅터 프랭클의 죽음의 수용소에서	빅터 프랭클	청아출판사	2021
6	쓰레기 산에서 춤을!	홍다경	풀빛	2023
7	오늘부터 나는 세계 시민입니다	공윤희 외	창비교육	2019
8	10대를 위한 워런 버핏 경제 수업	안석훈 외	넥스트씨	2023
9	이 장면, 나만 불편한가요?	태지원	자음과모음	2021
10	나의 첫 지정학 수업	전국지리 교사모임	탐	2023

관련고등학교, 관련학과, 관련직업 정보

관련고등학교	국제고등학교, 자율형사립고등학교, 외국어고등학교, 일반고등학교, 마이스터고등학교, 특성화고등학교
관련학과	경영학과, 경제학과, 사회교육과, 윤리교육과, 지리교육과, 사회학과, 금융보험학과, 사회복지학과, e-비즈니스학과, 관광경영학과, 국제경영학과, 국제금융학과, 국제의료경영학과, 글로벌문화산업학과, 글로벌미래경영학과, 글로벌스포츠산업학부, 글로벌호텔매니지먼트학과, 디지털마케팅학과, 사회적기업학과, 경제금융학과, 경제통상학부, 부동산경제금융학과, 세무학과, 회계학과, 사회혁신리더학과, 정치외교학과, 국제개발협력학과
관련직업	기업고위임원, 사회학연구원, 사회복지사, 투자분석가(애널리스트), 인문사회계열교사, 회계사, 경제학연구원, 감정평가사, 은행출납사무원, 손해사정사, 금융자산운용가(펀드매니저), 선물중개인, 생활설계사, 보험설계사, 신용조사원, 증권중개인, 증권투자상담사, 외환딜러, 보험계리인, 케어매니저, 사회단체활동가, 아동청소년시설보호사, 괴롭힘방지조언사, 다문화코디네이터, 노무사, 노년 플래너, 평등관리사무원, 경찰관, 로봇윤리학자

사회교과 관련 책을 읽고 심화 탐구 학습을 해 보자.

선정도서	서명		출판사	
	저자		출판년도	

독후감상

책을 읽고 난 후 가장 인상깊은 구절이나 장면을 적고, 자신의 생각, 가치관, 삶 등에서 어떤 긍정적인 변화가 생겼는지 구체적으로 적어 보세요.

가장 인상깊은 구절이나 장면	
생각, 가치관, 삶 등에서 일어난 긍정적인 변화와 느낀 점	
나의 진로에 도움이 된 점	

〈실전연습 1〉에서 읽은 책에서 해결하고 싶은 사회 문제 한 가지를 찾고, 사례 탐구를 통해 해결방안을 모색해 보세요.

탐구학습 주제 (사회 문제)	예) 인권문제
탐구하고 싶은 이유	
탐구학습 내용	Step1. 사례 조사(내가 탐구하고 싶은 사회 문제와 관련된 사례와 해결 방안 조사하기)
	Step1. 사례 분석(잘된 점, 보완할 점 등)
	Step3. 내가 해결하고 싶은 사회 문제의 해결 방안 제시하기 (사례 분석을 참고로)
이번 탐구 학습이 자신의 진로 및 진학에 미치는 영향/소감	

동물들의 위대한 법정(장 뢰크 포르케, 서해문집, 2022)

- 멸종 위기 동물들 중, 한 종만 목숨을 구할 수 있다. 누구를 구할 것인가요?

수리부엉이, 담비, 갯지렁이, 유럽칼새, 멧돼지, 들북살모사, 붉은제독나비, 그리고 여우가 법정에 섰습니다. 이들은 왜 법정에 나왔을까요? 인간은 멸종 위기 동물에게 너무 많은 돈이 든다는 이유로 단 한 가지 종만 살리고자 하는 음모를 꾸밉니다. 그리고 전국에 생중계되는 공개재판을 통해 인간의 이러한 생각을 합리화하고자 하는 얕은 술수를 도모합니다. 드디어 재판이 시작되고, 법정에 선 멸종 위기 동물들에게 재판장은 이렇게 말합니다.

"당신 종은 멸종 위기에 처해 있습니다. 왜 우리는 당신들을 위해 수많은 돈을 써야 할까요? 당신 종은 인간에게 쓸모가 있나요? 인류에게 무엇을 가져다주시는 건가요?"

동물들은 차례로 나서며 자신의 쓸모와 역할에 대해 말하기도 하고, 인간의 잔인함에 대해 말하기도 합니다. 인간의 목숨과 비교한다면 벌레 목숨은 가치가 없다고 사람들은 쉽게 말합니다. 그러나 모든 생명은 그 존재 이유가 있고 가치있으며 소중하다고 말하는 동물들의 말 한 마디 한 마디는 인간에게 많은 생각을 하게 하지요. 동물을 멸종 위기에 처하게 만든 것도 결국은 인간이며, 인간의 무자비함이 많은 동물들의 생명과 보금자리뿐 아니라 생태계까지 위태롭게 만들었습니다. 이러한 사실을 **뼈**저리게 느낄 수 있도록 저자는 동물들의 입을 빌려 말하고 있습니다. 인간과 동물의 공존을 강조하는 저자의 날카로운 비판의식은 우화의 형식을 빌려 웃음과 풍자 속에서 제대로 전달됩니다.

재판이 끝날 무렵 수많은 동물들이 법정에 등장하고, 동물들은 인간에게 판결을 내리기도 합니다. 인간이라는 종만 사라진다면, 다른 모든 생물을 구할 수 있을 것이라고 말하면서 인간들도 멸종이라는 고통을 겪으라고 말하지요. 이들의 말 한 마디 한 마디는 인간의 무자비함과 이기심에 경종을 울립니다. 또한 마지막까지 인간에게 반성과 성찰을 강조하기도 합니다. 이유를 막론하고 소중하고 가치 있는 생명을 가진 모든 존재가 서로를 존중하고, 이해하고, 배려하며, 함께 살아가는 방법을 배움으로써 공생할 수 있다는 사실은 모두가 아는 아주 기본적인 사실입니다. 이 지구에서 인간과 동물이 함께 살아가기 위해서 우리는 무엇을 어떻게 해야 하는지에 대해 깊이 생각해 보는 시간을 가져 보세요. 개인적 차원에서, 국가적 차원에서, 더 나아가 전 세계적 차원에서 함께 힘을 모아 해결 방안을 모색해 본다면 더 밝고 활기찬 미래가 여러분을 기다리고 있을 거에요.

장 뤽 포르케가 책의 제목을 '동물들의 위대한 법정'이라고 지은 이유를 생각해 보며 책을 읽는 것도 재미를 더해줍니다. 법정을 열어 멸종 위기에 처한 동물을 위험에 빠트리게 하고자 했던 것은 인간이었지만, 저자는 '동물들의 위대한 법정'이라고 명명했습니다. 제목을 통해 저자가 전하고자 하는 주제가 무엇인지에 대해서도 생각해 보는 시간을 가져 보세요.

끊임없이 제기되는 환경과 멸종 위기 동물에 관한 문제는 이제 위협적인 모습으로 우리 앞에 다가왔습니다. 더 이상 그냥 두고 볼 수 없을 정도로 심각한 상황에 처해 있습니다. 이제는 우리 지구의 주인으로서, 소중한 생명으로서, 그리고 세계시민의 일원으로서 지구 환경과 동물 멸종의 위기에 관해 단순히 생각에서 그치지 말고 적극적으로 행동에 나서 보세요. 이 책이 여러분에게 길잡이가 되어줄 것입니다.

교과연계 진로독서 사회과 예시도서 2			
서명	동물들의 위대한 법정	출판사	서해문집
저자	장 뤽 포르케	출판년도	2022년

독후감상

책을 읽고 난 후 가장 인상깊은 구절이나 장면을 적고, 자신의 생각, 가치관, 삶 등에서 어떤 긍정적인 변화가 생겼는지 구체적으로 적어 보세요.

가장 인상깊은 구절이나 장면	"이 재판을 받아야 하는 건 바로 인간이라는 겁니다. 인간이야말로, 오로지 인간이야말로 지구의 생활 환경을 맹목적으로 파괴하고 있으니까요."
생각, 가치관, 삶 등에서 일어난 긍정적인 변화와 느낀 점	인간이 지구의 주인이라는 착각 속에서 다른 동물들의 생존권까지 결정한다는 오만한 생각으로 진행된 재판 장면은 책을 읽고 있는 나 자신을 부끄럽게 만들었다. 이 책을 읽고 인간의 역할이 무엇인지를 고민하고, 동물보호보안관의 꿈을 갖게 되었다. 동물의 행동과 특성에 대한 이해를 위한 정보와 자료를 수집하고 관련 책과 논문을 찾아 읽고 법률과 제도의 마련이 시급하다는 것을 알게 되었다. 모두가 공생하는 사회를 만들기 위해 노력하는 사람이 되고 싶다는 생각을 갖게 해 준 책이다.
가장 인상깊은 구절이나 장면	
생각, 가치관, 삶 등에서 일어난 긍정적인 변화와 느낀 점	

도서 '동물들의 위대한 법정'을 읽고, 신문 기사를 작성해 보세요.

머리기사	
날짜:	〈사진 or 그림〉
기사 요약	
부제목	
신문사 이름: _____ _____ 기자(@)	
신문기사 작성시 유의점	1. 첫 문장은 독자의 관심을 끌 수 있도록 강렬하게 시작하자. 2. 중요한 정보와 사실에 대해 자세하게 적자. 3. 사실이 아닌 의견에 대해 쓴 부분은 자신의 의견임을 밝히자. 4. 기사에서 언급한 문제에 대한 잠재적인 해결책 등을 서술하며 마무리한다. 〈출처: wikihow〉

사회 교과 관련 추천 도서 목록

연번	책제목	저자	출판사	출판년도
1	시장과 가격 쫌 아는 10대	석혜원	풀빛	2019
2	처음 법학	김희균	붐마중	2024
3	도시 대 도시! 맞짱 세계지리 수업	조지욱	주니어태학	2024
4	조별과제 하다가 폭발하지 않는 법	윤미영	생각학교	2023
5	나보다 똑똑한 AI와 사는 법	반병현	북트리거	2023
6	세계 정치 유랑단	승지홍	다른	2023
7	생명감수성 쫌 아는 10대	김성호	풀빛	2023
8	청소년을 위한 데일카네기 인간관계론	데일카네기	책에 반하다	2023
9	왜 노동이 문제일까?	신은종	반니	2023
10	청소년이 경영학을 만나다	신형덕	에고의바다	2023

관련고등학교, 관련학과, 관련직업 정보

관련고등학교	국제고등학교, 자율형사립고등학교, 외국어고등학교, 일반고등학교, 마이스터고등학교, 특성화고등학교
관련학과	경영학과, 경제학과, 사회교육과, 윤리교육과, 지리교육과, 사회학과, 금융보험학과, 사회복지학과, e-비즈니스학과, 관광경영학과, 국제경영학과, 국제금융학과, 국제의료경영학과, 글로벌문화산업학과, 글로벌미래경영학과, 글로벌스포츠산업학부, 글로벌호텔매니지먼트학과, 디지털마케팅학과, 사회적기업학과, 경제금융학과, 경제통상학부, 부동산경제금융학과, 세무학과, 회계학과, 사회혁신리더학과, 정치외교학과, 국제개발협력학과
관련직업	기업고위임원, 사회학연구원, 사회복지사, 투자분석가(애널리스트), 인문사회계열교사, 회계사, 경제학연구원, 감정평가사, 은행출납사무원, 손해사정사, 금융자산운용가(펀드매니저), 선물중개인, 생활설계사, 보험설계사, 신용조사원, 증권중개인, 증권투자상담사, 외환딜러, 보험계리인, 케어매니저, 사회단체활동가, 아동청소년시설보호사, 괴롭힘방지조언사, 다문화코디네이터, 노무사, 노년 플래너, 평등관리사무원, 경찰관, 로봇윤리학자

사회교과 관련 책을 읽고 심화 탐구 학습을 해 보세요.

선정도서	서명		출판사	
	저자		출판년도	

독후감상

책을 읽고 난 후 가장 인상깊은 구절이나 장면을 적고, 자신의 생각, 가치관, 삶 등에서 어떤 긍정적인 변화가 생겼는지 구체적으로 적어 보세요.

가장 인상깊은 구절이나 장면	
생각, 가치관, 삶 등에서 일어난 긍정적인 변화와 느낀 점	
나의 진로에 도움이 된 점	

〈실전연습 2〉에서 선정한 책을 읽고 저자의 의견을 정리한 후, 자신의 견해를 논술하세요.

탐구학습 주제		예) AI 시대를 현명하게 사는 방법	
탐구학습 내용	저자의 의견	예) 디지털 문해력을 키우자.	
	이유		
	자신의 의견		
	이유		
	개요 작성	서론	
		본론1	
		본론2	
		본론3	
		결론	

* 작성한 개요를 토대로 〈부록〉에 제시된 원고지를 활용하여 논술을 해 보세요 (298쪽).

역사

10대를 위한 총균쇠 수업(김정진, 넥스트씨, 2023)
– 인류의 진화와 문명의 발전, 그 안에 담긴 비밀을 풀어볼까요?

1532년, 54세의 피사로는 역사의 주인공으로 등장합니다. 바다를 건너 중앙아메리카로, 안데스 산맥을 넘어 내륙까지 깊숙이 들어간 피사로는 드디어 황금의 제국이라고 불리는 잉카 제국에 도착합니다. 게다가 잉카 제국의 황제인 아타우 알파를 처음 만난 자리에서 생포해 버리지요. 어마어마한 전투가 벌어진 것도 아닙니다. 놀랍게도 168명의 피사로의 군대는 단 한 명의 전사자도 없이 잉카의 8만 대군을 손쉽게 이겨 버립니다. 8만의 잉카 대군은 168명의 피사로의 군대에 의해 손한번 제대로 쓰지 못하고 와르르 무너져 버립니다. 이 놀라운 사건의 열쇠를 풀러 함께 역사 속으로 들어가 봅시다.

말도 안되는 피사로의 승리의 열쇠는 바로 총, 균, 쇠에 있습니다. '총'은 무기와 군사력을 의미합니다. 피사로는 높은 살상

력의 무기와 군사 전략을 갖고 있었습니다. 반면에 잉카족의 무기는 돌과 나무 곤봉이었습니다. 말을 타고 총을 들고 싸우는 사람과 나무 곤봉을 휘두르며 뛰어다니는 사람이 싸운다면, 그 결과는 보나마나 뻔하지요. 애초에 상대가 되지 않는 싸움이었습니다. 엎친 데 덮친 격으로, 피사로가 아메리카 대륙에 오기 전, 콜럼버스와 코르테스가 퍼뜨린 전염병인 천연두가 이미 아메리카 전역에 퍼진 상태였습니다. 아메리카 원주민들에게는 천연두에 대한 면역체계가 없었으니, 천연두는 그들에게 어마어마한 타격을 입히게 됩니다. 피사로가 전투를 벌이던 그 순간에도 잉카족들은 천연두로 죽어가고 있었지요. 당시 천연두로 인해 원주민 전체 인구의 약 95퍼센트가 사망한 것으로 추정된다고 합니다. 그 정도로 '균(세균, 질병과 전염병)'은 무시무시한 역할을 했습니다. 이뿐만이 아닙니다. 유럽인들에게는 전쟁 수행 체계, 문자, 기록, 항해 기술 등 아메리카 원주민보다 더 정교하고 복잡한 다양한 도구가 있었죠. 피사로는 아메리카의 지리와 환경 정보, 정복 성공 사례, 통치 전략 등을 책을 통해서 정교하게 배울 수 있었습니다. 반면 아스텍과 잉카는 거대한 제국을 건설했지만, 문자를 가지지 않아 정보와 역사를 기록하지 못했어요. 침략자에 대한 어떠한 정보도 없었지요. 바로 이것이 '쇠'(도구, 농업을 비롯한 기술과 각종 개발)의 힘이었습니다. 잉카 제국의 황제 아타우 알파가 피사로와의 첫 만남에서 생포되고, 어마어마한 전투조차도 없이 잉카 제국이 정복된 이 모든 것이 바로 총, 균,

쇠를 이용한 결과입니다.

유럽 정복자들과 아메리카 원주민들의 이야기는 단순히 비극적인 역사를 넘어 우리 인류의 역사를 비추는 한 장면입니다. 이 책은 인류 진화의 핵심인 '총', '균', '쇠'에 대한 이해를 토대로, AI와 평화롭게 공존할 수 있는 특별한 통찰력을 얻고 미래를 준비할 수 있기를 소망하는 저자의 바람이 담겨 있는 책입니다.

인류와 문명의 탄생부터 인류의 진화와 문명의 발전을 탐색함으로써 다가오는 미래 사회가 어떻게 변화할지에 대해 예측해 봅시다. 또한 변화하는 미래 사회를 준비하기 위해 여러분이 할 수 있는 일은 무엇이며, 어떤 역량을 어떻게 키워야 할지를 고민하는 시간을 가져 보세요. 미래를 준비하는 순간, 밝은 미래가 기다리고 있을 거예요.

교과연계 독서 주제 탐구 학습, 이렇게 해 봐요!

(참고: 2022 개정교육과정 역사과 내용 체계 및 성취기준)

2022 개정교육과정에서 역사과는 문화적 다양성, 민주주의와 인권의 확산, 전쟁 범죄에 맞선 평화 유지 노력 등의 민주시민 관련 내용과 산업화의 생태환경적 접근, 지속가능한 사회를 위한

과제 등의 생태전환 교육 관련 내용을 반영하여 구성하였습니다. 또한 학생들이 포용성과 창의성을 갖춘 주도적인 사람이 되며, 미래 사회를 살아갈 시민으로서 필요한 자질을 갖추도록 설계하였습니다. 뿐만 아니라 자료의 분석·해석 과정을 통해 탐구 능력을 기르고 역사 지식을 형성하며, 역사 해석의 다양성과 역사의 논쟁성을 인식하고 타자를 이해하려는 태도를 함양하도록 설정하고 있습니다. 본 책에서는 이러한 내용을 반영하여 관련 도서 목록을 제시하였으며, 2022 개정교육과정에서 요구하는 역량을 키울 수 있는 주제 탐구 학습을 위한 활동과 전략을 안내하고 있습니다.

다음 표에 제시된 다양한 탐구학습전략을 활용하여 역사 교과와 연계한 주제 탐구 학습을 통해 2022 개정교육과정에서 요구하는 역량을 키우고 고등학교 입학뿐 아니라 대학 입시를 준비하는 기초를 다져보세요.

역사 교과 관련 독서 연계 심화 탐구 학습, 어떻게 할까요?
다음과 같은 방법을 활용해 보세요!

연번	역사 교과 관련 독서 연계 심화 탐구 학습 전략
1	다양한 역사 자료와 사례 탐구(문학작품, 영상, 기념물 등)
2	정치 체제 비교, 종교 및 문화 탐구
3	역사적 문제의 발생 배경, 경과, 해결 방안 조사(예: 반전 평화 운동, 민권 운동, 여성 운동, 환경 운동 등)
4	역사적 해석이 다양한 사건에 대한 토론 및 논쟁(예: 삼국 통일 등)
5	역사 관련 진로 탐색, 고등학교 역사 과목과의 연계 학습
6	타 과목과 연계한 프로젝트 학습(예: 지속가능한 사회를 위한 과제 탐구 등)
7	방문 및 누리집을 통한 온라인 전시를 활용한 기념관이나 박물관 감상
8	역사적 사건이나 주제를 선정하고 탐구 질문 만들기

참고자료: 2022 개정교육과정 중학교 역사 교육과정

교과연계 진로독서 역사과 예시도서 1			
서명	10대를 위한 총균쇠 수업	출판사	넥스트씨
저자	김정진	출판년도	2023년

독후감상

책을 읽고 난 후 가장 인상깊은 구절이나 장면을 적고, 자신의 생각, 가치관, 삶 등에서 어떤 긍정적인 변화가 생겼는지 구체적으로 적어 보세요.

가장 인상깊은 구절이나 장면	세계 4대 문명은 모두 유라시아권에서 발전했다. 이곳에 살던 사람들이 특별히 뛰어난 것이 아니라 유라시아의 옆으로 긴 가로형 지형이 문명의 탄생을 앞당겼기 때문이다. 유라시아는 위도가 비슷하고 큰 장애물이 없어 이동하기가 편했으며, 국가 간 활발한 교류를 통해 이질적인 문화를 융합하고 지역마다 독특한 문명을 만들었다.
생각, 가치관, 삶 등에서 일어난 긍정적인 변화와 느낀 점	민족의 차이는 '어디에서 태어났느냐'라는 환경적 차이라는 저자의 시각은 나로 하여금 많은 생각을 하도록 만들었다. 재벌인 부모에게 거액의 재산을 물려 받으면 재벌 2세가 된다는 논리는 어찌보면 당연한 논리이지만, AI가 비약적으로 발전하는 현재와 미래에는 과연 무엇이 '차이'를 만들 것인가에 대한 탐구를 하고 싶다는 생각이 들었다. 이 책을 읽고 인류학자에 대한 관심이 생겼으며, 4차 산업혁명과 AI를 주제로 하는 책의 목록을 정리해서 1년 동안 15권을 완독하겠다는 목표가 생겼다.
가장 인상깊은 구절이나 장면	
생각, 가치관, 삶 등에서 일어난 긍정적인 변화와 느낀 점	

도서 '10대를 위한 총균쇠 수업'을 읽고, 역사적 해석이 다양한 인물에 대해 조사하고, 자신의 관점에서 재평가를 해 보자.

역사적 인물의 업적 탐구 및 재평가	
선택한 인물	예) 콜럼버스
재평가 주제	예) 콜럼버스, 위대한 탐험가인가, 아메리카 원주민을 죽인 학살자인가?
인물의 업적	
인물에 대한 역사적 해석 정리	1) 위대한 탐험가: 2) 학살자:
자신의 관점에서 재평가 하기	

역사 교과 관련 추천 도서 목록

연번	책제목	저자	출판사	출판년도
1	곰브리치 세계사 예일대 특별판	에른스트 H. 곰브리치	비룡소	2019
2	한 컷 한국사	조한경 외	해냄에듀	2022
3	지금은 중국을 읽을 시간1	중국을 읽어주는 중국어교사모임	민규	2020
4	조선 왕 연대기	유정호	블랙피쉬	2024
5	한 컷 세계사	이성호 외	해냄에듀	2022
6	영화와 함께하는 한국사	차경호 외	해냄에듀	2021
7	4 · 3이 나에게 건넨 말	한상희	다봄	2023
8	영화보다, 세계사	송영심	풀빛	2023
9	청소년을 위한 해시태그 한국 독립운동사	조한성	생각학교	2023
10	역사를 질문하는 역사 1, 2 세트	김선진 외	휴머니스트	2022

관련고등학교, 관련학과, 관련직업 정보

관련고등학교	국제고등학교, 자율형사립고등학교, 외국어고등학교, 일반고등학교, 마이스터고등학교, 특성화고등학교
관련학과	고고인류학과, 고고학과, 국사학과, 사학과, 역사문화학과, 한국사학과, 고고문화인류학과, 고고미술사학과, 동양문화학과, 문화유산학과, 문화인류학과, 문화재학과, 동아시아학과, 중국학과, 문화인류고고학과, 인류학과, 문화인류학과, 글로컬문화학부, 글로벌문화경영학과
관련직업	역사학연구원, 역사학자, 인문계중등학교교사(역사교사), 인문사회계열교수, 방송연출가, 영화감독, 학예사(큐레이터), 문화재보존원, 문화재수리기술자, 보존과학기술자, 영화시나리오작가, 드라마작가, 극작가, 문화 콘텐츠 전문가

역사 교과 관련 책을 읽고 심화 탐구 학습을 해 보세요.

선정도서	서명		출판사	
	저자		출판년도	

독후감상

책을 읽고 난 후 가장 인상깊은 구절이나 장면을 적고, 자신의 생각, 가치관, 삶 등에서 어떤 긍정적인 변화가 생겼는지 구체적으로 적어 보세요.

가장 인상깊은 구절이나 장면	
생각, 가치관, 삶 등에서 일어난 긍정적인 변화와 느낀 점	
나의 진로에 도움이 된 점	

〈실전연습 1〉에서 고른 책을 읽고, 책에서 찾을 수 있는 역사 관련 직업을 선택하여 진로 탐색을 해 보세요. (참고사이트: 커리어넷, 워크넷 등)

탐색할 직업명	예) 학예사(큐레이터)
하는 일	예) 박물관이나 미술관에서 관람객을 위해 전시를 기획하고 교육 프로그램을 개발합니다.
핵심 능력	예) 예술시각능력, 창의력
관련학과	
관련자격	
진로 탐색 활동	예) 진로체험센터, 한국과학창의재단, 미술관, 박물관에서 주관하는 학예사(큐레이터) 진로체험 프로그램에 참여하기
진로경로 (준비방법)	예) 대학교 또는 대학원에서 미술 또는 박물관과 관련된 분야 전공하기
이번 탐구 학습이 자신의 진로 및 진학에 미치는 영향	
활동 후 소감	

그들은 왜 문화재를 돌려주지 않는가(김경민, 을유문화사, 2019)
− 문화재 약탈, 어떻게 바라볼 것인가요?

영국 런던, 프랑스 파리, 터키 잉카라, 그리고 우리나라의 용산. 이 도시들은 공통점을 가지고 있습니다. 역사에 관심이 많은 사람들은 벌써 알아 차렸을 거예요. 맞습니다. 이 도시들은 모두 역사와 문화를 한눈에 시각적으로 보고 배울 수 있는 그 나라의 대표적인 박물관이 있는 곳입니다. 영국 런던에는 대영박물관이라고 불리우는 영국의 영국박물관, 프랑스 파리에는 프랑스의 루브르 박물관, 터키 잉카라에는 터키의 국립 고고학 박물관, 우리나라의 용산에는 국립중앙박물관이 있습니다. 이렇게 세계적인 박물관들은 관광객의 필수코스가 될 만큼 세계 곳곳에서 수많은 사람들이 방문하고 있습니다.

이 중, 영국 박물관을 한 번 살펴 봅시다. 영국 박물관에는 전 세계 어디에서도 볼 수 없는 어마어마한 유물들이 전시되어 있습니다. 고대 이집트의 미라와 파라오의 거대한 석상들, 로제타석, 파르테논 마블, 고대 메소포타미아 벽화와 조각들, 모아이 석상 등이 바로 그것인데요. 이들이 영국의 역사와 문화를 알려주는 전시품들이 아니라는 사실은 언뜻 이름만 봐도 알 수 있습니다. 그런데 놀랍게도 이 유물들은 영국 박물관의 가장 인기 있는 전시품들입니다. 그렇다면, 어떻게 다른 나라의 국가유산들이 영국 박물관에 전시되어 있을까요? 이 책에 그 해답이 있습니다. 많은 사람들이 하는 다음과 같은 질문들에 대해 여러분은 어떻게 생각하는지를 고민하며 이 책을 읽으면 더 의미있는 독서 활동이 될 것입니다.

'고대 이집트 무덤의 주인은 누구일까요? 유적을 발굴할 권리는 누구에게 있나요?'

'약탈 국가유산을 전시하는 박물관은 도덕적으로나 문화적으로 옳은 공간인가요?'

이 책은 이러한 질문에 대한 내용을 포함하여 국가유산 약탈의 역사에서부터 국가유산 반환을 둘러싼 논쟁에 이르기까지 광범위하게 다루고 있으며, 약탈 국가유산에 대한 현실적인 해결책이 무엇인지에 대해 모색하고 있습니다.

2011년 5월 27일, 조선왕조 정조 시대 외규장각 의궤가 우리 품으로 돌아왔습니다. 대한민국 국민들은 흥분에 가득 찼고, 뉴스에서는 연일 이 일이 보도되었지요. 외규장각 의궤는 병인양요 당시 프랑스군에 의해 약탈당한 우리나라의 국가유산으로 프랑스 국립 도서관에 보관되어 있었습니다. 끝없는 논의와 오랜 기다림 끝에 마침내 우리나라로 돌아왔지요. 국보급 국가유산의 귀환이라는 점에서 21세기 국가유산 반환에 매우 중요한 선례를 남긴 사건이라고 합니다. 하지만 안타깝게도 외규장각 의궤는 완전한 반환이 아닙니다. 5년 단위로 연장이 가능한 일괄 대여 형식으로 돌아온 것이라고 합니다. 반쪽짜리 국가유산의 반환이지만 전 세계적으로 주목을 받을 만한 일이었으며, 완전한 반환을 위한 첫걸음을 뗐다고 볼 수 있습니다.

한 국가와 민족의 역사와 문화를 담고 있는 소중한 가치를 지닌 국가유산의 약탈과 반환 문제로 총성 없는 전쟁을 치르고 있는 현 시대에, 약탈당한 국가유산의 정식 반환을 위해 우리가 할 수 있는 노력은 무엇일까요? 이 책을 읽고, 약탈된 국가유산 반환을 둘러싼 강국의 논리와 윤리적 문제에 대해 성찰해 보고, 개인적, 국가적, 전 세계적 차원에서 우리가 할 수 있는 일이 무엇인지 생각해 보는 의미있는 시간을 가져봅시다.

교과연계 진로독서 역사과 예시도서 2			
서명	그들은 왜 문화재를 돌려주지 않는가	출판사	을유문화사
저자	김경민	출판년도	2019년

독후감상

책을 읽고 난 후 가장 인상깊은 구절이나 장면을 적고, 자신의 생각, 가치관, 삶 등에서 어떤 긍정적인 변화가 생겼는지 구체적으로 적어 보세요.

가장 인상깊은 구절이나 장면	영국과 그리스 사이의 파르테논 마블 반환 문제에 대한 논쟁 부분이 가장 인상 깊었다. 파르테논 마블을 돌려달라는 그리스 정부의 지속적인 요구에도 불구하고 반환 불가의 입장을 고수하는 영국 정부의 태도와 그 안에 뿌리 깊게 담긴 문화국제주의 관점은 양국의 갈등의 골을 더 깊게 만들고 있다.
생각, 가치관, 삶 등에서 일어난 긍정적인 변화와 느낀 점	이 책을 읽고 국가유산의 약탈과 반환 문제의 심각성을 깨달았으며, 감정적 호소보다는 논리적 설득력이 필요하다는 것을 알게 되었다. 그리스와 영국 사이의 파르테논 마블 반환 문제를 보면서 우리나라와 프랑스 사이의 외규장각 의궤에 대해 관심을 갖고 탐구하게 되었다.
가장 인상깊은 구절이나 장면	
생각, 가치관, 삶 등에서 일어난 긍정적인 변화와 느낀 점	

도서 '그들은 왜 문화재를 돌려주지 않는가'를 읽고, 약탈된 국가유산 반환을 둘러싼 세계 각국의 논쟁 사례를 조사하여 사례탐구 보고서를 작성해 보자.

사례탐구 보고서		
논쟁 사례		
국가유산 약탈 경위		
국가유산 반환에 대한 양국의 입장	빼앗은 나라의 입장	
	뺏긴 나라의 입장	
해결방법 모색		

역사 교과 관련 추천 도서 목록

연번	책제목	저자	출판사	출판년도
1	유배도 예술은 막을 수 없어	신승미 외	다른	2022
2	일상이 고고학, 나 혼자 경주여행	황윤	책읽는고양이	2020
3	단단한 고고학	김상태	사계절	2023
4	우리 품에 돌아온 문화재	국외소재 문화재재단	눌와	2022
5	문화유산으로 일본을 말한다	김경임	홍익피엔씨	2023
6	세계문화유산의 이해	이혁진	새로미	2020
7	문화재 전쟁	이기철	지성사	2021
8	나의 문화유산답사기 소장본 세트	유홍준	창비	2023
9	역사의 쓸모	최태성	다산초당	2019
10	사진으로 보는 우리 문화유산	강형원	알에이치 코리아	2022

관련고등학교, 관련학과, 관련직업 정보

관련고등학교	국제고등학교, 자율형사립고등학교, 외국어고등학교, 일반고등학교, 마이스터고등학교, 특성화고등학교
관련학과	고고인류학과, 고고학과, 국사학과, 사학과, 역사문화학과, 한국사학과, 고고문화인류학과, 고고미술사학과, 동양문화학과, 문화유산학과, 문화인류학과, 문화재학과, 동아시아학과, 중국학과, 문화인류고고학과, 인류학과, 문화인류학과, 글로컬문화학부, 글로벌문화경영학과
관련직업	역사학연구원, 역사학자, 인문계중등학교교사(역사교사), 인문사회계열교수, 방송연출가, 영화감독, 학예사(큐레이터), 문화재보존원, 문화재수리기술자, 보존과학기술자, 영화시나리오작가, 드라마작가, 극작가, 문화 콘텐츠 전문가

역사 교과 관련 책을 읽고 심화 탐구 학습을 해 보자.

선정도서	서명		출판사	
	저자		출판년도	

독후감상

책을 읽고 난 후 가장 인상깊은 구절이나 장면을 적고, 자신의 생각, 가치관, 삶 등에서 어떤 긍정적인 변화가 생겼는지 구체적으로 적어 보세요.

가장 인상깊은 구절이나 장면	
생각, 가치관, 삶 등에서 일어난 긍정적인 변화와 느낀 점	
나의 진로에 도움이 된 점	

〈실전연습 2〉에서 고른 책을 읽고, 책과 관련된 역사적 사건이나 주제를 선정하여 다양한 탐구 질문을 만들어 보세요.

탐구학습 주제 (책과 관련된 역사적 사건이나 주제)	예) 갑신정변
선택한 이유	예) 급진개화파가 일으킨 갑신정변은 세상을 변화시키고 자 하는 희망을 담은 사건이라고 생각하기 때문에
탐구 질문 만들기	예) 신분제의 혜택을 가장 잘 누린 사람들이었던 급진개 화파의 중심인물들이 신분제 폐지를 주장한 이유는 무엇일까요? 1. 2. 3.
이번 탐구 학습이 자신의 진로 및 진학에 미치는 영향	
활동 후 소감	

07

도덕

장자, 아파트 경비원이 되다.(김경윤, 사계절, 2017)
– 작은 세계에 갇혀 있는 우리를 거대한 세계로 초대하는 장자의 철학 소설

> "세상의 강자들은 약자들을 자신과 동등한 존재로 보지 않아, 하
> 지만 하늘의 입장에서 보자면 강자나 약자나 모두 같은 생명이
> 고 평등한 존재인 셈이지, 나는 민주가 약자나 강자의 입장에서
> 세상을 바라보지 말고 평등의 관점으로 세상을 바라보았으면 좋
> 겠구나."

> 김경윤 〈장자 아파트 경비원이 되다〉 중에서

내가 살고 있는 마을이나 아파트 단지에서 문제점이 발생하면
어떻게 풀어낼 것인가? 아파트 경비원에 대한 갑질 내용이 뉴스
가 보도되면 여러분들은 어떤 생각이 드는가? 자유롭고 당당한
장자의 철학을 소설 형식으로 풀어낸 책이예요. 경비원 장두루
할아버지가 민주가 사는 아파트 경비원으로 일하면서 새 바람을
불러일으킵니다. 민주는 공부를 잘 하지만 아주 잘하는 것도 아

니고, 운동을 좋아하지만 아주 잘하는 것도 아니지만 성실하게 학교 생활하는 중학교 2학년 학생입니다.

봄이 되자 장두루 할아버지는 화단을 텃밭으로 만들어서 직접 꽃씨를 뿌리면서 아파트 안을 화사하게 꾸미기도 합니다. 화단 문제에 이어 청소 아주머니들의 처우문제까지 불거지자 부녀 회장은 장두루 할아버지를 못마땅해 하며 쫓아낼 궁리를 하게 됩니다. 한편 장두루 할아버지와 조금은 친해진 민주는 어느 날 "나는 쓸모 없는 아이인가봐요?"라며 속마음을 터놓습니다. 민주는 할아버지가 내준 '생각숙제'를 하나하나 풀어가며 세상의 기준에 대해 다시 생각하게 되고, 자기에게 관심을 기울이며 깨달음으로 이끌어 주는 할아버지의 매력에 은근히 끌리게 됩니다. 그러던 중 이웃 아파트 단지 경비원의 자살 사건이 일어납니다. 몇몇 사건들이 일어나는 과정에서 장두루 할아버지는 자신만의 철학과 방식으로 아파트 사람들에게 영향을 줍니다. 할아버지와 사사건건 다투었던 부녀회장까지 친구로 만들며 아파트 사람들과 더불어 새롭게 삶의 터전을 가꾸어 나가는 이야기는 흥미진진하고 가슴이 뭉클합니다.

유명해지지 않아도 괜찮다. 똑똑하지 않아도 괜찮다. 많은 일 하지 않아도 괜찮다. 잘 몰라도 괜찮다. 행운이 와도 괜찮다. 불행이 와도 괜찮다. 오는 것을 맞이하고 가는 것을 막지 마라, 너무 마음 쓰지 마라, 세상을 견대 내고 상처 받지 마라, 과거를 후

회하지 말고 미래를 두려워 하지 말고 오늘을 살아라, 너를 이해하고 세상을 사랑하라. 친구와 더불어 아름다움을 가꾸어라.

장두루 할아버지에게 받은 수료증을 다시 읽으면서 소설은 마무리 됩니다. 주변에는 자유롭고 당당하게 살아가는 사람들이 많습니다. 성공과 승리를 위해 살아가는 사람보다 서로 사랑하고 서로 돕는 사람들이 미래를 더욱 환하고 자유롭게 만들어 갈 것입니다.

교과연계 독서 주제 탐구 학습, 이렇게 해 봐요!

(참고: 2022 개정교육과정 중학교 도덕과 내용 체계 및 성취기준)

2022 개정교육과정에서 도덕교과의 목표는 도덕성 함양을 통한 도덕적인 인간의 지향입니다. 도덕적 인간이 함께 살아가야 하는 사회를 보다 정의로운 사회로 만들고자 하는 방향성을 제시합니다. 도덕과는 인간의 삶에 내재해 있는 도덕적 차원에 관한 인식을 출발점으로 삼아 다른 사람과의 관계를 통해서만 가능한 삶 속에서 그들을 대하는 도덕적 태도와 실천 역량을 길러주는 것을 목표로 합니다. 이러한 목표 추구를 통해 도덕과는 자신을 사고와 행위의 주체로 인식하는 바탕 위에서 비판적이면서도 도

덕적인 판단을 할 수 있게 하고, 건전한 도덕적 정서를 도덕 공동체로 작동하게 하는데 기여하고자 합니다. 도덕적 지식을 습득하고 설명하며 적용하도록 하고 도덕적 탐구과정을 활성화하고 자신의 내면을 성찰해 볼 수 있는 방법을 활용할 수 있습니다. 학습 내용과 삶의 맥락 등을 종합적으로 고려하여 개념학습, 주제학습, 탐구학습, 토의 토론학습, 논술학습, 협동학습, 역할놀이학습, 프로젝트 학습, 봉사학습, 사회정서학습, 네러티브학습 등 다양한 방법으로 실생활에 적응가능한 학습을 할 수 있도록 구성됐습니다.

〈장자 아파트경비원이 되다〉는 아파트 단지내서 일어나는 사건들이 해결되는 과정에서 사회 정의는 시민이 인간다운 삶을 보장하는 도덕공동체의 토대가 된다는 교육과정 핵심 아이디어 의미를 배우게 됩니다. 인권은 보편적 가치일까? 인간의 존엄함을 존중하는 태도와 정의를 존중하고 사회 문제에 관심을 갖고 참여하는 자세를 독서를 통해 이해하고 학습할 수 있습니다. 추천한 책들을 읽음으로써 2022개정교육과정에서 요구하는 핵심역량을 키우고 희망하는 고등학교 뿐만 아니라 대학 입시까지 준비하는 힘을 키울 수 있을 것입니다.

도덕교과 관련 독서 연계 심화 탐구 학습, 어떻게 할까요?
다음과 같은 방법을 활용해 보세요!

연번	도덕교과 관련 독서 연계 심화 탐구 학습 전략
1	도덕적 문제를 탐색하고 도덕적 해결책을 찾아보는 문제 해결 학습 모색하기
2	서로의 생각과 감정을 이해하고 공감하는 역할교환학습 활동
3	도덕적 문제 상황을 분석하고 해결점을 찾아보는 프로젝트 학습 찾아보기
4	역할 놀이와 시뮬레이션 게임
5	토의 · 토론, 논술
6	도덕적 지식을 학습자 각자의 경험으로 재구성하는 내러티브학습법 적용하기
7	포트폴리오, 활동 보고서 작성
8	관찰 및 면담, 현장 견학과 체험, 봉사활동 조사

참고자료: 2022 개정교육과정 중학교 도덕과 교육과정

	교과연계 진로독서 도덕과 예시도서 1			
	서명	장자 아파트 경비원이 되다	출판사	사계절
	저자	김경윤	출판년도	2017년

독후감상

책을 읽고 난 후 가장 인상깊은 구절이나 장면을 적고, 자신의 생각, 가치관, 삶 등에서 어떤 긍정적인 변화가 생겼는지 구체적으로 적어 보자.

가장 인상깊은 구절이나 장면	"사람들은 쓸모있는 것만 찾지만, 사실은 쓸모없는 것도 소중한 거야" (p29) "마음의 주인이 되고자 하는 사람은 자신의 마음을 항상 모른다고 생각하면서 겸손하고 신중하게 배우는 자세로 사는 법이란다."(p95)
생각, 가치관, 삶 등에서 일어난 긍정적인 변화와 느낀 점	이 책은 아파트 단지에서 일어나는 사건들을 장자의 철학을 통해 해결해 가는 과정을 그린 철학 소설이다. 요즘 뉴스에서 많이 등장하는 아파트 경비원에 대한 갑질과 인권 문제에 대해 깊이 생각해 보는 계기가 되었다.
가장 인상깊은 구절이나 장면	
생각, 가치관, 삶 등에서 일어난 긍정적인 변화와 느낀 점	

도서 '장자 아파트 경비원이 되다'를 읽고, 다음 양식에 맞추어 정책 제안서를 작성해 보자.

정책제안서	
정책 제목	아파트 경비원 인권 문제 해결을 위한 중장기 프로젝트
현황 및 문제점	〈정책 제안 배경 및 문제점 분석〉
개선방안 (정책내용)	〈위 문제점을 개선할 수 있는 구체적인 아이디어 및 추진방안〉
기대효과	〈제안하는 정책의 효과〉

위와 같이 정책제안서를 제출하고자 합니다.

20 년   월   일

신청자(대표) 성명   (인)

도덕 교과 관련 추천 도서 목록

연번	책제목	저자	출판사	출판년도
1	꽃들에게 희망을	트리나 플러스	시공주니어	1999년
2	단단한 자존감을 갖고 싶은 10대에게	김원배	애플북스	2022년
3	이솝 우화로 읽는 철학 이야기	박승억	이케이북	2020년
4	마음아 안녕	김은미	더메이커	2023년
5	도덕을 위한 철학통조림: 달콤한 맛	김용규	주니어김영사	2016년
6	소크라테스는 왜 우리집에 벨을 눌렀을까	김경윤	우리학교	2019년
7	철학이 내 손을 잡을 때	김수영	우리학교	2023년
8	친구가 되어 주실래요?	이태석	생활성서사	2013년
9	긴긴밤	루리	문학동네	2021년
10	누가 뭐래도 내 길을 갈래	김은재	사계절	2018년

관련고등학교, 관련학과, 관련직업 정보

관련고등학교	국제고등학교, 자율사립고등학교, 외국어고등학교, 일반고등학교, 특성화고등학교, 마이스터고등학교
관련학과	사회복지학과, 아동가족학과, 아동청소년학과, 윤리교육과
관련직업	사회복지사, 도덕교사, 윤리교사, 작가, 기자, 인성교육담당자, 컨설턴트, 윤리관련기술자, 교육행정직공무원, 장학사, 대학교수, 상담전문가, 사회복지사, 다문화언어지도사, 다문화코디네이터, 임상심리사, 사회복지연구원, 국제개발협력전문가 등

'윤리교육과' 인재상 및 갖춰야할 자질

• 교사로서 모범을 보일 수 있는 도덕적 품성과 윤리적 지식을 가진 사람이다.
• 동서양 철학 및 가치 문제에 호기심과 이해력을 가진 학생이다.
• 주변 친구들이나 동식물을 배려하고 이타심이 있는 사람이다.
• 동서양의 철학사상을 실생활에 연결 시킬 수 있는 역량이 있는 사람이다.
• 다양한 주장들을 종합적으로 판단하고 자신의 생각을 이야기할 수 있는 학생이다.
• 실생활 속에서 벌어지는 일들을 다각적인 관점에서 고민하는 습관을 가진 사람이다.

실전연습 1

도덕 교과 관련 책을 읽고 심화 탐구 학습을 해 보자.

선정도서	서명		출판사	
	저자		출판년도	

독후감상

책을 읽고 난 후 작가가 주장한 장면을 적고, 자신의 생각, 가치관, 삶 등에서 어떤 긍정적인 변화가 생겼는지 구체적으로 적어 보세요.

[작가가 주장하는 글]

[나는 이렇게 생각해 / 반론 제시]

[활동 후 느낌이나 감상]

〈실전연습 1〉에서 고른 책을 읽고, 책 속에서 주인공이나 인물을 찾아서
인물 프로젝트 신문을 만들어서 발표해보세요

인물 프로젝트 신문	내가 만일 [ ]이라면?	• 발행일: • 발행처: • 발행인:
〈가상 인터뷰〉 코너		〈일화〉 코너
〈만약 내가 ○○이라면〉 코너		〈180° 다른 이야기〉 코너

활동 팁	▷ 인물 프로젝트 신문은 역사적 인물의 갈등 상황과 갈등 해결의 탐색하는 활동이다. ▷ 신문의 틀을 자유롭게 작성해도 된다. ▷ 180° 다른 이야기 발상을 통해 미래 직업 세계와 연결시켜 볼 수 있다.

내 마음은 존-버 중입니다.(웰시, 풀빛, 2022)
— 자존감, 관계, 감정에 휘둘리는 십대를 위한 마음 처방전

"오늘부터 타인의 시선에 휘둘리는 나에게 이렇게 말해보렴," 괜히 착각하고 힘들어하지 마, 다른 사람들의 눈도 너무 의식하지 말고, 네가 무엇을 하든, 어떻게 생각하든, 다른 사람들은 별로 관심 없어" 그리고 때론 이렇게도 말해 보렴, "너 자체가 이 세상에 빛나는 하나의 별이자 유일무이한 소우주야, 너는 지금도 충분히 잘하고 있어"라고 말이야"

웰시 〈내 마음은 존버 중입니다.〉 중에서

"버티는 것만으로도 잘하는 거래요!" 들쑥날쑥한 감정에 휘둘리지 않고 내 마음부터 존중하며 버티는 연습이 필요합니다. "십대인 지금이 힘드니?"라고 친절하게 묻고, "지금 네가 진짜 힘든 시절을 지나고 있는 거"라고 따스하게 위로 해주는 책입니다. 또한 지금 경험하는 그 감정을, 그 상황을, 그 관계를 나의 힘으로 바꿀 수 없다면 '존버', 즉 '존중하며 버텨 보자'고 권합니다.

작가는 프롤로그에서 "십 대인 지금을 견디는 게 혹시 많이 힘드니? 그렇다면 이렇게 말해 주고 싶어. "지금 네가 진짜 힘든 시절을 지나고 있는 거"라고. 요즘 유행하는 '존버(존중하며 버티기)'라는 말처럼, 극복할 수 없다면 버텨 보자. 삶은 원래 '버텨 내는 것' 이라고 생각해. 인생은 마치 지구를 끌어당기는 중력의 법칙

처럼 기본값이 원래 플러스(+)가 아닌 마이너스(−)로 흐르도록 설정되어 있는지도 몰라. 그러니 더 마이너스로 곤두박질치지 않고 그 자리를 버티는 것만으로도 이미 무척 많이 애쓰고 있는 거라고 봐. 하지만 무작정 혼자 버티면 너무 힘들잖아. 그러니 "내가 '조금 덜 버겁게 버티는 법'을 안내해 줄게."라며 십대 청소년을 위한 마음 처방전을 제시하고 있습니다.

자기 감정에 솔직하되 휘둘리지 않는 사람으로 자라기 위해서는 청소년 시기에 자신의 마음 상태를 이해할 수 있는 심리 지식이 있어야 합니다. 그래야 자신의 존재 가치를 아는 '자존감 있는 사람'으로 살아갈 수 있습니다. 《내 마음은 존버 중입니다》는 심리학적인 지식을 알려 주는 것은 물론, 나와 타인을 사랑하고 존중하며 이해하는 십 대가 되길 바라는 마음으로 기획된 책입니다.

십 대 때는 의연하게 감정을 잘 조절하지 못하는 것 같아서 괜시리 눈치를 보기도 하고, 마음껏 힘들어하지 못하고, 울고 싶어도 마음껏 울지 못하는 경우도 있습니다. "마음껏 힘들어도 괜찮아", "울고 싶을 땐 마음 놓고 울어도 돼", "화가 나는 건 당연해", "네가 유약한 게 아니라, 누구라도 힘들 만해", "힘들 땐 충분히, 마음껏 힘들어하렴" 자신의 마음을 살펴보세요. 흔들리지 않고 피는 꽃이 없고 비바람에 젖지 않고 피는 꽃이 없을 뿐이니 지금 청소년 시기를 스스로 존중하며 버티기 하며 잘 지나갈 수 있기를 바라는 마음입니다.

교과연계 진로독서 도덕과 예시도서 2			
서명	내 마음은 존-버 중입니다	출판사	풀빛
저자	웰시	출판년도	2022년

독후감상

책을 읽고 난 후 가장 인상깊은 구절이나 장면을 적고, 자신의 생각, 가치관, 삶 등에서 어떤 긍정적인 변화가 생겼는지 구체적으로 적어 보세요.

가장 인상깊은 구절이나 장면	"번아웃 증후군이란 한 가지 일에 몰두하던 사람이 정신적, 육체적으로 극도의 피로를 느끼고 이로 인해 무기력증, 자기혐오, 직무 거부 등에 빠지는 증상을 말하는데 '연소증후군', 혹은 '탈진 증후군'등으로도 불리고 있어." (p23)
생각, 가치관, 삶 등에서 일어난 긍정적인 변화와 느낀 점	중학생이 되면서 자존감도 떨어지고 자신감도 부족해졌는데 이 책을 읽으면서 나 자신부터 존중해줘야 한다는 사실을 알게 됐다.
가장 인상깊은 구절이나 장면	
생각, 가치관, 삶 등에서 일어난 긍정적인 변화와 느낀 점	
나의 진로에 도움이 된 점	

도서 '내 마음은 존-버 중입니다'를 읽고, 나의 감정에 대해 살펴보세요.

1. 아래 감정들 중에서 최근 일주일 동안 일어났던 감정들을 체크해 보세요.

호기심을 가졌다 □행복을 느꼈다 □불안했다
□즐거움의 연속이다 □걱정스러웠다 □창피했다 □실망했다
□부끄러웠다 □외로웠다 □신이 났다 □자신이 없다 □만족스러웠다
□고마웠다 □감동했다 □신중했다 □겁에 질렸다 □희망에 찼다.
□마음이 아팠다 □소심해졌다 □기대가 된다

2. 감정일기를 위에서 체크한 감정을 바탕으로 작성해 보세요.

_____

_____

_____

_____

_____

3. 나에게 힘이 되는 말 한마디를 적어보세요.

_____

_____

_____

_____

_____

도덕 교과 관련 추천 도서 목록

연번	책제목	저자	출판사	출판년도
1	무소유	김세중	스타북스	2023년
2	열 살 채근담을 만나다	한영희	어린이 생각나무	2019년
3	어린이와 청소년을 위한 논어	공자	보물창고	2016년
4	니코마코스 윤리학	아리스토텔레스	풀빛	2005년
5	14살에 처음 만나는 서양 철학자들	강성률	북멘토	2020년
6	철학사전	황진규	나무생각	2021년
7	도덕적 시민의 눈으로 세상 읽기	전국 도덕교사모임	해냄출판	2021년
8	우리가 폭력이라고 부르는 것들	전국 도덕교사모임	해냄출판	2022년
9	어쩌다 영웅	이남석	사계절	2017년
10	논리는 나의 힘	최훈	우리학교	2015년

관련고등학교, 관련학과, 관련직업 정보

관련고등학교	국제고등학교, 자율사립고등학교, 외국어고등학교, 일반고등학교, 특성화고등학교
관련학과	사회복지학과, 아동가족학과, 아동청소년학과, 윤리교육과
관련직업	사회복지사, 도덕교사, 윤리교사, 작가, 기자, 인성교육담당자, 컨설턴트, 윤리관련기술자, 교육행정직공무원, 장학사, 대학교수, 상담전문가, 다문화언어지도사, 다문화코디네이터, 임상심리사, 사회복지연구원, 국제개발협력전문가, 방송작가, 상담전문가, 직업상담사, 발달심리사, 놀이치료사, 아동문학비평가 등

'도덕과' 인재상 및 갖춰야할 자질

- 교사로서 모범을 보일 수 있는 도덕적 품성과 윤리적 지식을 가진 사람이다.
- 동서양 철학 및 가치 문제에 호기심과 이해력을 가진 학생이다.
- 주변 친구들이나 동식물을 배려하고 이타심이 있는 사람이다.
- 동서양의 철학사상을 실생활에 연결 시킬 수 있는 역량이 있는 사람이다.
- 다양한 주장들을 종합적으로 판단하고 자신의 생각을 이야기할 수 있는 학생이다.
- 실생활 속에서 벌어지는 일들을 다각적인 관점에서 고민하는 습관을 가진 사람이다.

도덕 교과 관련 책을 읽고 심화 탐구 학습을 해 보자.

선정도서	서명		출판사	
	저자		출판년도	

독후감상

책을 읽고 난 후 가장 인상깊은 구절이나 장면을 적고, 자신의 생각, 가치관, 삶 등에서 어떤 긍정적인 변화가 생겼는지 구체적으로 적어 보세요.

[작가는 왜 이 책을 썼을까? / 저술 목적]

[작가는 무엇을 말하는가? / 핵심적인 내용]

[나에게 어떻게 적용 할 것인가? / 실천 사항 및 감상. 느낌]

[인상 깊은 구절 쓰기]

[인상 깊은 구절 선정 이유]

〈실전연습 2〉에서 고른 책을 읽고, 책 속에서 찾을 수 있는 다양한 직업을 탐색해 보세요. * 커리어넷 직업백과 적성유형별 검색 참고

탐구학습 주제		관련 직업군 탐색하기	
탐구학습 방법		커리어넷 접속→직업백과→적성유형별 검색	
탐구학습 내용	적성유형별 핵심능력 中 3가지 선택	□신체 · 운동능력　□손재능　□공간지각력 □음악능력　□창의력　□언어능력 □수리 · 논리력　□자기성찰능력 □대인관계능력　□자연친화력　□예술시각능력	
	핵심능력	직업명 (선택한 핵심능력별 관심 직업을 적어보세요.)	
	1		
	2		
	3		
이번 탐구 학습이 자신의 진로 및 진학에 미치는 영향			
활동 후 소감			

08
기술·가정

식탁위의 세계사(이영숙, 창비, 2012)
— 감자부터 후추까지 간디에서 앙투아네트까지 음식으로 연결된
  종횡무진 세계사

"감자는 오늘날 유럽 요리에서 빠져서는 안 될 재료가 되었지만
본래 남아메리카의 적도 부근에서 재배하던 식물이야. 그러다
16세기 대항해 시대에 스페인 탐험가들이 유럽으로 가져간 거지.
그런데 처음 들어왔을 때는 유럽 사람들이 전혀 좋아하지 않았
대. 컴컴한 땅속에서 자라니까 음침하게 느껴졌던 모양이야. 게
다가 껍질도 벗기지 않고 날것을 먹다가 탈이 나기도 했지. 감자
싹에는 솔라닌 이라는 독소가 있거든 그 부분만 도려내고 먹으
면 되는데 그걸 몰랐던 거야. 그래서 심지어는 먹으면 나병에 걸
린다는 소문까지 돌았다나봐. 1630년 프랑스의 브장송 의회에
서는 '감자를 먹으면 나병에 걸리므로 재배를 금한다'는 결정을
내리기도 했대."

이영숙 〈식탁위의 세계사〉 중에서

2020년 겨울 파리로 여행을 갔을 때 숙소에서 매일 아침 메뉴로 크루아상 빵이 나와서 불만이 많았던 적이 있었습니다. 첫날은 부드럽고 맛있어서 많이 먹었는데 매일 먹으니 점차 본래의 맛을 잊고 다른 것을 먹고 싶다는 생각을 하게 됐지요. 크루아상(croissant)은 프랑스어로 '초승달'을 뜻합니다. 이 빵은 원래 오스트리아와 헝가리 지역에서 먹던 평범한 빵이었는데 오스트리아가 1636년 오스만 튀르크의 침공을 막아 낸 뒤에 승리를 기념하려 초승달 모양으로 만들기 시작했다는 설이 있답니다. 프랑스에서 질리게 먹었던 크루아상 빵이 이런 역사적 배경을 가지고 있는지는 이 책을 통해 처음 알게 됐습니다.

매일 마주하는 식탁 위의 음식과 재료들에도 온 세계가 들어 있다는 생각을 자주 합니다. 식탁에 오르는 재료들과 관련된 역사, 그 음식들과 관련된 사건과 인물들만 살펴보아도 정말 다채롭고 풍성하다는 것을 느껴요.

감자에서 비롯한 아일랜드 대기근부터 옥수수에 대한 러시아 지도자 흐루쇼프의 열정, 소금법에 저항한 간디의 소금 행진 등 식재료에 관련된 열 가지 이야기들이 펼쳐져 있어요. 음식의 유래만을 추적하거나 기본적인 정보만을 전하는 것이 아니라 그와 관련된 세계사의 핵심적인 사건들을 소상하게 알려 주고 있어요. 대항해 시대를 낳은 것이 바로 후추의 매콤한 맛 때문이라거나, 시인 소동파가 동파육 같은 요리를 고안해 낸 창의적인 요리 개발자라는 등의 이야기는 그 자체로 우리들을 끌어당기는 흥미로운 사실들이며, 이러한 도입으로 시작해 문화 대혁명이나 아편전쟁 등 굵직한 세계사의 이슈들을 이야기하고 있어요. 고대부터 현대까지 아우르되, 단순히 시간순으로 서술하지 않고 음식이라는 매개에 따라 엮은 것도 흥미를 더하는 요소이며, 동양과 서양을 균형 있게 분배해서 설명해 주고 있답니다.

감자, 소금, 후추, 돼지고기, 빵, 닭고기, 옥수수, 바나나, 포도, 차 등 우리가 매일 먹고 마시는 식재료들의 역사적인 배경들 책입니다. 평소 어렵게만 느껴졌던 세계사에 대해서도 쉽게 접근할 수 있습니다.

교과연계 독서 주제 탐구 학습, 이렇게 해 봐요!

(참고: 2022 개정교육과정 중학교 기술·가정 내용 체계 및 성취기준)

2022 개정교육과정에서 기술·가정교육은 개인과 가족이 일상생활에서 가족은 물론 친구 및 이웃을 비롯한 다양한 수준의 생활환경과 건강한 관계를 형성하여 삶을 주도해 가는 데 필요한 생활 역량을 함양 하는데 있습니다. 인간의 혁신적인 활동과 관련된 기술에 대한 지식과 이해, 사고 과정과 기능, 추구하는 가치

와 태도를 형성하여 기술적 소양을 갖추게 합니다. 기술과 사회, 재료와 제조, 구조물과 건설, 에너지와 수송, 자동화와 정보통신, 생명과 의료분야, 식량자원 등에 대한 지식을 설계, 생산, 유지, 평가하는 학습과정 및 기술적 문제 해결 과정의 경험을 학습합니다.

교과 지식, 수행 역량, 가치 및 태도를 기르며 생활 속 문제를 탐구하고 문제 해결의 결과가 개인의 사회에 미치는 영향을 인식하며 가정생활, 기술 및 정보 소양을 바탕으로 주도적인 삶을 영위하도록 도와줍니다.

자기 및 타인 이해의 건강한 발달과 상호 존중 및 돌봄의 태도를 바탕으로 긍정적인 자아 정체성과 대인 관계를 형성하며, 개인의 발달과 삶의 요구를 충족시킬 수 있는 건강한 의식주 생활을 주도적으로 영위하기 위해 필요한 자립적 생활 역량을 기릅니다. 공동체의 생태 환경을 고려한 책임있는 행동을 통해 나의 가족, 공동체 삶의 질을 향상시키는 생활 태도를 기릅니다.

탐구학습전략

기술·가정 교과 관련 독서 연계 심화 탐구 학습, 어떻게 할까요?
다음과 같은 방법을 활용해 보세요!

연번	기술·가정 교과 관련 독서 연계 심화 탐구 학습 전략
1	실생활 관련된 조사, 탐구, 문제해결 관련 보고서 작성
2	여러 가지 생활 환경의 상황과 맥락을 관찰하고 분석하여 프로젝트 보고서 작성하기
3	실천적 문제 중심 토의 토론 하기
4	메이커 중심 학습활동
5	기술과 관련된 문제 상황을 해결하는 디자인 씽킹
6	디지털 정보 및 도구를 활용하여 보고서 작성하기
7	포트폴리오, 활동 보고서 작성
8	관찰 및 면담, 현장 견학과 체험, 조사

참고자료: 2022 개정교육과정 중학교 기술가정 교육과정

교과연계 진로독서 기술·가정과 예시도서 1			
서명	식탁 위의 세계사	출판사	창비
저자	이영숙	출판년도	2012년

독후감상

책을 읽고 난 후 가장 인상깊은 구절이나 장면을 적고, 자신의 생각, 가치관, 삶 등에서 어떤 긍정적인 변화가 생겼는지 구체적으로 적어 보자.

가장 인상깊은 구절이나 장면	"정향이라는 향신료도 있었어, 정향나무의 꽃봉오리 부분을 말린 것인데, 요리에 넣으면 달콤한 맛이 나, 이 정향은 당시 유럽에서 무려 같은 무게의 금보다 비쌀 정도였대, 엄청난 사치품이었던 거지"(p57)
생각, 가치관, 삶 등에서 일어난 긍정적인 변화와 느낀 점	매일 아침 식탁에 오르는 음식들이나 배고플 때 먹는 맛있고 포만감이 있던 간식들이 세계로 뻗어나가게 된 역사적인 배경을 이해할 수 있었다.
가장 인상깊은 구절이나 장면	
생각, 가치관, 삶 등에서 일어난 긍정적인 변화와 느낀 점	

도서 '식탁위의 세계사'를 읽고, 우리나라 전통 음식 중 하나를 선정해서
유래와 변화 과정을 탐색해보자.

내가 선정한 전통 음식	
음식 의미	
음식 유래 (역사)	
미래의 내가 만들고 싶은 음식 이야기	
활동 후 느낀 소감 한마디	

기술·가정 교과 관련 추천 도서 목록

연번	책제목	저자	출판사	출판년도
1	나의 직업 건축사	꿈디자인LAB	동천출판	2022년
2	열정을 만나는 시간	고정욱	특별한 서재	2018년
3	세탁기의 배신	김덕호	뿌리와 이파리	2020년
4	최고의 인테리어는 정리입니다	정희숙	가나출판사	2020년
5	청소년을 위한 음식 사회학	김아림	그린북	2016년
6	궁금한 제조기술의 세계	이동국 외	삼양미디어	2016년
7	발명과 특허 쫌 아는 10대	김상준	풀빛	2023년
8	적정기술 현대 문명에 길을 묻다	김찬중	허원미디어	2021년
9	탄소중립이 뭐예요	장성익	풀빛	2022년
10	몸이란 대체 무엇일까?	이토아사	북스토리	2024년

관련고등학교, 관련학과, 관련직업 정보

관련고등학교	마이스터고등학교, 특성화고등학교, 자율사립고등학교, 일반고등학교, 과학고등학교
관련학과	가정교육과, 공학교육과, 기술교육과, 기계공학과, 신소재공학과, 드론공학과, 식품공학과, 식품영향학과, 식품조리학과, 해양식품공학과, 건축공학과, 건축학과, 금속공학과, 기계설계공학과, 반도체공학과, 산업공학과, 재료공학과, 자동차공학과, 전기공학과, 전자공학과, 토목공학과, 지역건설공학과, 건설시스템공학과 등
관련직업	교사, 대학교수, 공무원, 패션디자이너, 아동발달전문가, 컴퓨터강사, 웹기획자, 웹프로그래머, 직업능력개발훈련교사, 식품공학기술자, 발효식품연구원, 식품소재개발연구원, 영양사, 식품위생사, 품질관리사, 식품산업기사, 유기농업기능사, 상담영양사, 보건직공무원, 외식컨설턴트, 메뉴개발자, 가공식품개발연구원, 건설연구원, 단조원, 건축설계기술자, 건축시공기술자, 건축안전기술자, 건축자재영업원, 토목감리원, 토목안전환경기술자, 토목제도사, 환경공학기술자, 변리사, 수질환경기술자, 환경위생검사원, 환경공학기술자, 토목공학기술자, 폐기물처리기술자, 도시계획 및 설계사, 리모델링컨설턴트, 건축감리기술자, 건축구조설계사, 측량사, 녹색건축전문가, 인테리어디자이너, 문화재 보존원, 실내건축기사, 전자제품개발자, 비금속공학기술자, 품질관리사무원, 나노소재연구원, 비파괴기술자 등

기술·가정 교과 관련 책을 읽고 심화 탐구 학습을 해 보자.

선정도서	서명		출판사	
	저자		출판년도	

독후감상

책을 읽고 난 후 일상 생활에서 불편을 주는 문제점을 찾아보고 그 문제를 토의 토론을 통해 해결해보자.

[문제 인식]	• 해결해야 할 문제는 무엇인가? • 문제 해결에 도움이 되는 요소에는 어떤 것들이 있는가? • 어떤 결과를 원하는가?
[문제 해결에 필요한 정보 수집]	• 문제 해결에 필요한 실질적인 정보는 어떤 것들이 있는가? • 어떤 정보가 가치 있는 정보인가? • 문제 해결에 있어 최선의 방법을 선택할 때, 어떤 기준을 가지고 선택하는가?
[문제 해결 방안 설정]	• 어떤 해결 방법을 선택했을 때 어떤 결과가 나올지 생각해본다.
[문제 해결 과정에서 배운점]	

〈실전연습 1〉에서 해결 과정을 비주얼씽킹 보고서 만들기

유튜브 및 포털사이트에서 제품을 생산하는 과정을 탐색한 후 비주얼 씽킹으로
표현해보자

투입	과정	산출

궁금한 친환경·생명 기술의 세계(이동국 외, 삼양미디어, 2016)

- 기술 선생님이 들려주는 이공계 진로를 꿈꾸는 세상의 모든 청소
  년을 위한 책

"우리나라에서는 발효 기술을 이용하여 김치, 젓갈, 된장, 간장,
고추장, 청국장 등을 만들어 먹었다. 근래에 들어서는 발효 식품
속의 유용한 균이 인체 건강에 많은 도움을 준다는 사실이 알려
지면서 전 세계인들의 관심을 받고 있다. 서양에서는 오래 전부
터 와인, 치즈, 요구르트 등의 발효 식품을 만들어 먹어왔다. 특
히 와인은 고대 이집트 벽화에서도 포도를 재배하는 모습이 남
아 있을 정도로 오래되었다."

이동국 외 〈궁금한 친환경·생명 기술의 세계〉 중에서

우리 인간은 지난 100여 년 동안 화석 에너지를 이용하여 급속
도로 발전해 왔습니다. 과학 기술 발전은 쾌적하고 편리한 삶을
우리에게 제공해 줬습니다. 이렇게 발달한 문명 뒤에는 자원의
고갈과 환경 파괴가 있습니다. 제품을 개발하기 위해 많은 자원
을 활용해야 하고, 기술의 발달은 자원 소비량을 더욱 확대시키
고 있습니다. 그 결과 지구 온난화, 이상 기후 현상, 물 부족 현상
등 인류의 생존과 관련된 문제가 발생하고 있습니다.

텔레비전 뉴스에 작은 얼음 위로 떠다니는 북극곰을 본 기억들
이 있을 거예요. 시간이 갈수록 북극의 연평균 기온은 계속 상승
하여 빙하가 녹는 속도는 빨라지고, 그로 인해 북극곰들이 먹이

를 사냥할 수 있는 공간은 갈수록 줄어들고 있는 것이에요. 지구 온난화로 멸종 위기에 처한 대표적인 동물이 바로 북극곰입니다. 지구상의 동물들 멸종위기 원인은 인간의 무분별한 개발과 환경 오염 등 자연을 파괴하는 인간의 탐욕이 북극의 죄 없는 북극곰들에게 고통을 안겨주고 있는 것입니다. 지구 온난화의 원인은 다양한데 화석 에너지의 과도한 사용, 온실가스의 배출, 무분별한 벌목, 환경을 파괴하는 인간 중심의 개발 등이 있어요. 이러한 원인들이 빠른 시일내에 해결되지 않는다면 지금의 풍요로운 삶이 미래에도 지속 될 것이라고 장담할 수 없답니다.

인류는 생존을 위해 끊임없이 생명 기술을 발전시켜 왔습니다. 음식을 오랫동안 보존하기 위해 발효 기술을 발전시켰으며, 질병 퇴치를 위해 백신과 항생제를 개발했습니다. 그리고 현재는 동물 복제, 유전자 재조합 등 생명 기술의 새로운 전기를 마련하고 있습니다. 이러한 생명 기술은 식량 자원을 풍족하게 하고, 인간의 수명을 연장시켜 주고 있지만, 잘못 활용하게 되면 생명 윤리 문제, 생태계 파괴 등의 부작용이 발생할 수 있습니다. 앞으로 인류가 어떤 방식으로 기술을 발전시켜야 할지, 그리고 올바른 생명 윤리나 가치관을 함께 고민해 보는 것은 어떨지 생각하게 합니다.

서명	궁금한 친환경· 생명 기술의 세계	출판사	삼양미디어
저자	이동국, 한승배, 오규찬, 오정훈, 심세용	출판년도	2016년

독후감상

책을 읽고 난 후 가장 인상깊은 구절이나 장면을 적고, 자신의 생각, 가치관, 삶 등에서 어떤 긍정적인 변화가 생겼는지 구체적으로 적어 보자.

가장 인상깊은 구절이나 장면	우리는 교실에서 수업을 듣고, 버스나 지하철을 타고 이동하며, 독서실이나 학원에서 공부를 하는 등 많은 시간을 실내에서 지낸다. 따라서 실내 공기가 오염되면 우리의 건강에도 나쁜 영향을 미치게 되는데 주요 오염 물질로는 분진, 연소가스, 폼알데하이드 휘발성 유기 화합물 등이 있다.(p17)
생각, 가치관, 삶 등에서 일어난 긍정적인 변화와 느낀 점	일상 생활에서 환경을 지키는 활동에 관심을 가지고 지켜나가야겠다. 분리수거나 쓰레기 버리지 않기 등의 활동이 결국에는 지구의 환경을 지키게 되는 것이다.
가장 인상깊은 구절이나 장면	
생각, 가치관, 삶 등에서 일어난 긍정적인 변화와 느낀 점	

도서 '궁금한 친환경·생명 기술의 세계'를 읽고, 미래 유망 분야 중에 하나를 선택해서 세부적인 정보를 탐색해 보자.

미래 유망 분야	생명분야	스마트팜, 바이오 헬스
	비즈	핀테크, 스마트공장
	주거	스마트시티, 에너지신산업
	이동	드론 미래자동차
내가 선택한 분야는?		
선택한 이유는?		
우리 생활중에 어떻게 적용될까요?		
관련 직업들은 어떤 것이 있을까요?		
활동 후 나의 생각은?		

기술·가정 교과 관련 추천 도서 목록

연번	책제목	저자	출판사	출판년도
1	우리집은 식물원	정재경	위즈덤하우스	2021년
2	토목공학 기술자 어떻게 되었을까?	캠퍼스멘토	캠퍼스멘토	2022년
3	자라지 않는 나무의 모험	힘형준	아마디아	2021년
4	의학 생명계열 진로로드맵	정유희 외	미디어 숲	2020년
5	쓰레기 산에서 춤을	홍다경	풀빛	2023년
6	금속의 쓸모	표트로 발치트	북멘토	2023년
7	GPT제너레이션	이시한	북모먼트	2023년
8	반도체가 그렇게 중요한가요?	김보미, 채인택	서해문집	2023년
9	그럼에도 지구에서 살아가려면	장성익	풀빛	2024년
10	미디어 리터러시 쫌 아는 10대	금준경	풀빛	2020년

관련고등학교, 관련학과, 관련직업 정보

관련고등학교	마이스터고등학교, 특성화고등학교, 자율사립고등학교, 일반고등학교, 과학고등학교
관련학과	가정교육과, 공학교육과, 기술교육과, 기계공학과, 신소재공학과, 드론공학과, 식품공학과, 식품영향학과, 식품조리학과, 해양식품공학과, 건축공학과, 건축학과, 금속공학과, 기계설계공학과, 반도체공학과, 산업공학과, 재료공학과, 자동차공학과, 전기공학과, 전자공학과, 토목공학과, 지역건설공학과, 건설시스템공학과 등
관련직업	교사, 대학교수, 공무원, 패션디자이너, 아동발달전문가, 컴퓨터강사, 웹기획자, 웹프로그래머, 직업능력개발훈련교사, 식품공학기술자, 발효식품연구원, 식품소재개발연구원, 영양사, 식품위생사, 품질관리사, 식품산업기사, 유기농업기능사, 상담영양사, 보건직공무원, 외식컨설턴트, 메뉴개발자, 가공식품개발연구원, 건설연구원, 단조원, 건축설계기술자, 건축시공기술자, 건축안전기술자, 건축자재영업원, 토목감리원, 토목안전환경기술자, 토목제도사, 환경공학기술자, 변리사, 수질환경기술자, 환경위생검사원, 환경공학기술자, 토목공학기술자, 폐기물처리기술자, 도시계획 및 설계사, 리모델링컨설턴트, 건축감리기술자, 건축구조설계사, 측량사, 녹색건축전문가, 인테리어디자이너, 문화재 보존원, 실내건축기사, 전자제품개발자, 비금속공학기술자, 품질관리사무원, 나노소재연구원, 비파괴기술자 등

기술·가정 교과 관련 책을 읽고 심화 탐구 학습을 해 보자.

선정도서	서명		출판사	
	저자		출판년도	

독후감상

책 내용을 토대로 질문을 작성하고 친구들과 교차하여 질문해 보자

문제번호	질문	정답
1		
2		
3		
4		
5		
6		
7		
8		
9		
10		
활동 후 소감 한마디		

〈실전연습 2〉에서 읽은 내용을 바탕으로 공익 광고를 만들어보자.

1. 책 속에서 제시하는 사회 문제나 미래 기술 관련 내용을 기사로 작성해 보자.

2. 사회 문제, 자연 재해, 미래 불안증 등에 대한 대책을 위한 광고 문구를 만들어보자.

3. 1, 2번에서 활동한 내용을 가지고 관련 직업 또는 필요한 직업들을 탐색해서 정리해 보자.

연번	필요한 직업	직업이 하는 일

09

진로와 직업

하고 싶은 것이 뭔지 모르는 10대에게(김원배, 애플북스, 2021)

– 꿈을 찾기 위해서 무엇을, 어떻게 해야 할까요?

"난 왜 열심히 공부하는 만큼 성적이 안 나올까?" "독서는 왜 필요할까?"

"20년 후, 나의 미래는 어떨까?" "내가 잘하는 것과 좋아하는 것은 뭘까?"

"내가 가진 좋은 습관과 버려야 할 나쁜 습관은 어떤 것이 있을까?"

"친구 관계에서 가장 중요한 것은 무엇일까?" "공부는 왜 해야 할까?"

〈하고 싶은 것이 뭔지 모르는 10대에게〉는 10대 청소년들이 끊임없이 고민하는 이러한 모든 문제의 해답을 담고 있는 책입니다. 중학교에서 10년 이상 진로진학 상담교사로 근무하면서 학생들이 스스로 진로에 대해 고민하고 진로 목표를 설정하여 하고 싶은 것을 찾을 수 있도록 돕고자 하는 저자의 간절한 마음이 책 곳곳에 녹아 있습니다. 실질적인 활용과 도움을 위해 중학생들이 실제로 자신의 진로를 찾는 과정에서 마주할 수 있는 질문들을 스스로 고민하고 해결할 수 있도록 활동지가 함께 담겨 있습니다.

4차 산업 혁명 시대에는 비판적 사고 역량, 창의 역량, 의사소통 역량, 협업 능력을 갖춘 인재를 요구합니다. 언뜻 듣기만 해도 쉽게 기를 수 없고 매우 어려워 보이는 역량들입니다. 이러한 역량은 평소 다양한 분야에 도전하고 직·간접적인 경험을 통해 기를 수 있습니다. 이를 위해서는 노력과 학습이 필요하지요. 저자는 탁월한 인재는 태어나는 것이 아니라 꾸준한 학습으로 만들어지는 것이라고 말하며 학습을 강조합니다. 특히 타의에 의한 수동적인 학습이 아니라 스스로 하는 자기주도적 학습을 강조하고 있습니다. 다양한 경험과 자기주도적 학습을 통해 4차 산업 혁명 시대에 필요한 비판적 사고 역량, 창의 역량, 의사소통 역량, 협업 능력을 갖춘 인재로 성장할 수 있다고 조언해 줍니다.

미래 사회를 주체적으로 이끌고 선도적인 역할을 하는 인재로 성장하기 위해서 필요한 자기 주도적 진로 설계 역량과 학습 능력을 키우기 위해서는 자기 자신을 돌아보고 현재의 위치를 점검해 보는 것이 우선되어야 합니다. 책에 담겨진 다양한 체크리스트를 통해 자기주도학습 능력, 학교 수업 태도, 좋은 습관과 나쁜 습관, 노트 필기 방법 등 자신의 현재 모습을 돌아보고 점검해 볼 수 있지요. 여러분도 한 번 해 보세요. 자신의 현재 상황을 돌아봄으로써 만족스러운 모습과 부족한 부분을 찾아 보세요. 만족스러운 부분이 있다면 더욱 정진하여 성장의 발판이 되도록 노력하고, 부족한 부분이 있다면 책에 제시된 자투리 시간 활용 방법, 집중력 높이는 방법, 노트 필기 방법, 자기주도 학습 방법 등을 참고해 보세요. 그리고 여러분에게 맞는 방법을 찾아 진로 목표와 학습 목표 달성을 위한 계획을 세우고 실천해 보세요. 미래 사회에 필요한 창의 융합형 인재로 한발짝 다가갈 수 있습니다.

그럼 지금부터 여러분의 진로를 설계하고 자기 주도 학습 능력을 키우기 위해 함께 〈하고 싶은 것이 뭔지 모르는 10대에게〉 책 속으로 여행을 떠나 볼까요?

교과연계 독서 주제 탐구 학습, 이렇게 해 봐요!

(참고: 2022 개정교육과정 진로와 직업 내용 체계 및 성취기준)

중학교는 폭넓은 진로 탐색을 통해 자신의 진로 특성을 발견하고, 잠정적인 진로 목표 설정을 준비하는 시기입니다. 고등학교 진학을 앞둔 학생들은 자신의 관심사를 발견하고 확장해 나가며, 중학교 졸업 후 가능한 진로 선택을 이해하고 이에 대한 의사 결정 과정에서 이용할 수 있는 정보, 조언과 지원 등에 접근할 수 있는 방법을 학습함으로써 주도적으로 자신의 진로 방향을 설정하고 준비해 나갈 수 있어야 합니다.

2022 개정교육과정에서 진로와 직업 교과는 학습자 주도성 함양, 인공지능·디지털 소양 교육 강화, 민주 시민 교육, 생태 전환 교육과 연계하여 구성하였습니다. 또한 자신의 진로 특성에 대한 이해와 긍정적 자아 개념 형성, 지속 가능한 사회에 기여할 수 있는 방법 탐색, 직업 세계의 특성과 변화가능성에 대한 이해, 다양한 진로 활동 참여, 주도적 진로 탐색, 창업가 정신에 대한 이해, 진로 목표 설정, 진로 및 학업 계획 수립과 실천 등을 주요 내용으로 구성하고 있습니다. 본 책에서는 이러한 내용을 반영하여 관련 도서 목록을 제시하였으며, 2022 개정교육과정에서 요구하는 역량을 키울 수 있는 주제 탐구 학습을 위한 활동과 전략을 안내하고 있습니다.

다음 표에 제시된 다양한 탐구학습전략을 활용하여 자신의 진로 및 진학과 연계한 주제 탐구 학습을 통해 2022 개정교육과정에서 요구하는 역량을 키우고 고등학교 입학뿐 아니라 대학 입시를 준비하는 기초를 다져보세요.

진로와 직업 교과 관련 독서 연계 심화 탐구 학습, 어떻게 할까요?
다음과 같은 방법을 활용해 보세요!

연번	진로와 직업 교과 관련 독서 연계 심화 탐구 학습 전략
1	다양한 직업인의 진로 특성과 삶의 모습 탐색
2	행복한 삶에 대한 성찰(자신과 타인 및 사회와의 관계 성찰)
3	사회 변화 요인과 직업 세계의 관계 탐색, 미래 직업 세계 탐색
4	진학과 취업 정보 탐색, 다양한 진로 경로 탐색
5	창업가 사례 탐구를 통한 창업가 정신 함양
6	학습 계획 수립 및 실천(자신이 희망하는 진로 목표를 이루기 위한 학습 동기를 발견하고 그에 맞는 학습 계획을 수립하며 적합한 학습 방법 실천)
7	생활 습관 계획 및 실천(신체적 · 정신적 관리, 시간 관리, 용돈 관리, 대인 관계 관리 등)
8	포트폴리오, 진로로드맵 작성

참고자료: 2022 개정교육과정 중학교 진로와 직업 교과 교육과정

교과연계 진로독서 진로와 직업 교과 예시도서 1			
서명	하고 싶은 것이 뭔지 모르는 10대에게	출판사	애플북스
저자	김원배	출판년도	2021년

독후감상

책을 읽고 난 후 가장 인상깊은 구절이나 장면을 적고, 자신의 생각, 가치관, 삶 등에서 어떤 긍정적인 변화가 생겼는지 구체적으로 적어 보세요.

가장 인상깊은 구절이나 장면	최근 학습 능력을 향상시키기 위해 노력했지만 실패한 사례를 떠올려보고 실패 이유와 극복 전략을 생각해 보는 활동지가 가장 의미있는 시간이었다.
생각, 가치관, 삶 등에서 일어난 긍정적인 변화와 느낀 점	이 책을 읽으면서 최근 뉴스를 통해 보았던 카이스트 대학교에서 열린 '실패 자랑' 행사가 떠올랐다. 누구나 실패할 수 있다는 사실은 나에게 큰 위안을 주었다. 실패를 하면 절대 안 된다는 생각에 시험 공부를 할 때도 불안함 때문에 힘들었는데, 중간고사에서 영어 시험 점수가 목표 점수보다 낮게 나온 이유가 문법을 대충 학습했다는 것을 깨닫고 새로운 목표를 정했고, 하면 된다는 용기가 생겼다. 후회하지 않도록 문법 공부를 꼼꼼하게 했더니 기말고사에서는 100점을 맞았다. 이 책은 실패의 경험이 성공을 가져다 줄 수 있다는 값진 교훈을 내게 주었다.
가장 인상깊은 구절이나 장면	
생각, 가치관, 삶 등에서 일어난 긍정적인 변화와 느낀 점	

도서 '하고 싶은 것이 뭔지 모르는 10대에게'를 읽고, 진로 설계와 학습 계획을 담은 진로 로드맵을 작성해 보세요.

진로 로드맵 작성	
진로 목표	예) 의사가 되어 의료환경이 열악한 지역에 의료 봉사 가기
나만의 진로 로드맵 그리기	

tip. 포털 사이트 검색을 통해 다양한 진로 로드맵의 예시를 확인할 수 있어요.

진로와 직업 교과 관련 추천 도서 목록

연번	책제목	저자	출판사	출판년도
1	이제는 나부터 챙기기로 했다	노윤호	풀빛	2023
2	하고 싶은 건 없지만 내 꿈은 알고 싶어	김태연	체인지업	2023
3	십대, 나를 위한 진로 글쓰기	임재성	특별한서재	2023
4	청소년을 위한 진로독서 하브루타	진은혜 외	데오럭스	2023
5	직업멘토 50인	㈜한국콘텐츠미디어(부설)한국진로교육센터	한국콘텐츠미디어	2021
6	14살부터 시작하는 나의 첫 진로수업	학연플러스 편집부	뜨인돌	2021
7	잘하는 것도, 하고 싶은 일도 없다는 너에게	최영숙	미디어 숲	2023
8	좋아하는 것을 발견하는 법	이다혜	창비	2022
9	세상을 바꾼 10대들, 그들은 무엇이 달랐을까?	정학경	미디어숲	2021
10	단단한 자존감을 갖고 싶은 10대에게	김원배	애플북스	2022

관련고등학교, 관련학과, 관련직업 정보

관련고등학교	국제고등학교, 자율형사립고등학교, 외국어고등학교, 일반고등학교, 마이스터고등학교, 특성화고등학교, 과학고등학교
관련학과	전 계열(인문계열, 사회계열, 교육계열, 공학계열, 자연계열, 의약계열, 예체능계열)
관련직업	전 직업

진로와 직업 교과 관련 책을 읽고 심화 탐구 학습을 해 보자.

선정도서	서명		출판사	
	저자		출판년도	

독후감상

책을 읽고 난 후 가장 인상깊은 구절이나 장면을 적고, 자신의 생각, 가치관, 삶 등에서 어떤 긍정적인 변화가 생겼는지 구체적으로 적어 보세요.

가장 인상깊은 구절이나 장면	
생각, 가치관, 삶 등에서 일어난 긍정적인 변화와 느낀 점	
나의 진로에 도움이 된 점	

〈실전연습 1〉에서 고른 책을 읽고, 자신의 진로 목표를 설정해 보고, 진로 목표를 이루기 위한 다양한 진로 경로를 탐색해 보세요. (참고사이트: 커리어넷, 워크넷 등)

진로목표	예) 간호사

다양한 진로 경로 탐색하기	예)
	
	중학교 → 일반고등학교 → 대학교 간호학과
	         → 특성화고등학교 → 국군 간호 사관 학교 →
	
	간호사 국가시험 합격 → 간호사
	(간호사 면허증 취득) → 보건교사(교직 과정 이수, 교사 임용 시험)
	                    → 간호장교
	                    → 간호직 공무원(공무원 임용 시험)

이번 탐구 학습이 자신의 진로 및 진학에 미치는 영향	
활동 후 소감	

이토록 공부가 재미있어지는 순간(박성혁, 다산북스, 2023)

- 나의 오늘은 어떤 시간으로 추억될까요? 인생에 보탬이 된 고마운 하루 일까요, 아니면 후회로 가슴이 적셔지는 지우고 싶은 하루 일까요?

방성혁 〈이토록 공부가 재미있어지는 순간〉 중에서

교실에 날아다니는 파리를 잡아 실로 다리를 묶어 먹이 줘가며 키우기, 비 오는 날 학교 옥상의 물 고인 웅덩이에 종이배 띄우기, 수업 시간에 수학책을 커터칼로 잘게 쪼개 모으기 등등.. 공부보다는 딴짓에 관심이 많았던 어느 중학생이 공부에 흠뻑 빠진 이야기가 마법처럼 펼쳐지는 책입니다.

공부할 마음이 전혀 없이 지내던 어느 날 저자는 "난 지금 뭐하고 있는 거지?"라는 생각이 문득 들어 해 보겠다는 마음 하나로 공부에 무작정 뛰어들었습니다. 그리고 그에게는 로망이 있었지요. 공부를 하는 학생이라면 누구나 한 번쯤 상상해보고 꿈꿔보는 장면이 아닐까하는 바로 그 장면, 공부를 하면서 코피를 뚝뚝 흘려 보는 것이 그의 로망이었습니다. 정말 열심히 공부를 하던 어느 날, "뚝뚝뚝.." 드디어 그의 로망이 이루어졌습니다! 공부를 하면서 코피를 흘렸다는 사실이 너무나 기쁘고, 자랑을 하고 싶어 코피를 닦기는커녕 셀카를 찍었다는 학생의 모습을 볼 때면 저절로 미소가 지어집니다.

저자는 공부하는 일이란 '마음을 다지고, 키우고, 붙잡아두는 것'이라고 말합니다. 모든 것은 마음먹기에 달려있다는 것이죠.

추운 겨울날 30층 높이 빌딩에서 철골 작업을 하는 것도 아니고, 뙤약볕 아래 쪼그리고 앉아 손톱 닳아져라 밭매는 것도 아닌, 책상 앞에 앉아 고작 종잇장 만지작 거리면서 연필 끄적거리는 게 전부인 것이 바로 공부라고 말합니다. 세상에서 가장 쉬운 것이 공부이며, 마음 먹으면 되는 것이 바로 공부지요. 공부를 너무 막막하다고 생각하고 세상에서 가장 어려운 일이며 하기 싫은 일이라고 생각하는 학생들에게 저자가 전해주는 의미있는 조언이라는 생각이 듭니다.

방황과 고민으로 힘든 시간을 보내고 있을지도 모르는 학생들에게, 늦어버린 줄로만 알고 포기하려고 하는 학생들에게, 마음으로 공부하기 위해 한 번쯤 고민해 보아야 할 주제들 뿐만 아니라 지치고 힘들 때 위로가 되어줄 뜨거운 응원도 함께 담겨있는 책입니다. 공부를 왜 해야 하는지 그 이유를 찾고 싶은 학생들, 그리고 공부를 하다가 누군가에게 위로를 받고 싶은 학생들에게 이 책을 추천합니다.

마음 하나 바꾸었을 뿐인데 공부에 푹 빠져들고 재미를 느끼게 되면서 포기 보다는 '되게 할 방법'을 찾아가는 저자의 모습은 우리가 우리의 인생을 어떻게 만들어 가고 있는가를 성찰하게 합니다. 내가 살고 싶은 모습을 꿈꾸며, 그 꿈 앞에 부끄럽지 않도록 공부를 하자는 저자의 말은 큰 울림을 주지요. 어떻게 마음을 먹느냐가 여러분의 인생을 결정 지을 수 있으며 할 수 없다는 부정적인 생각보다는 할 수 있다는 긍정적인 생각과 해 내기 위한 해결 방안을 스스로 찾음으로써 행복한 인생을 만들 수 있습니다. 먼 훗날, 인생을 되돌아보았을 때 여러분의 오늘은 어떤 시간으로 추억될지 생각해 보고, 여러분의 오늘을 가치있게 만들기 위한 노력을 해 보세요. 공부가 이토록 재미있어지는 기적의 순간을 맞이하게 될 것입니다.

교과연계 진로독서 진로와 직업 교과 예시도서 2			
서명	이토록 공부가 재미있어지는 순간	출판사	다산북스
저자	박성혁	출판년도	2023년

독후감상

책을 읽고 난 후 가장 인상깊은 구절이나 장면을 적고, 자신의 생각, 가치관, 삶 등에서 어떤 긍정적인 변화가 생겼는지 구체적으로 적어 보세요.

가장 인상깊은 구절이나 장면	공부에 지쳐 에너지가 떨어진 저자에게 학교 선생님께서 해 주신 조언이 가장 인상깊었다.
생각, 가치관, 삶 등에서 일어난 긍정적인 변화와 느낀 점	지금껏 나에게 공부라는 것은 좋은 점수를 받고 등수를 높이기 위해 하는 것이었다. 선생님과 부모님의 칭찬, 친구들의 부러움이 내 공부의 동기부여였다. 그런 나에게 선생님의 이 말씀은 내 공부의 목적과 방향에 대해 생각하게 하였다. 뿐만아니라 공부를 통해 내가 어떤 능력을 갖고 싶고, 어떤 능력이 생길지, 어떤 모습으로 살게 될지, 오롯이 내 자신에게 집중하게 되었다. 나는 이 순간 정말로 공부가 재미있어지는 기적같은 순간을 경험하고 있다.
가장 인상깊은 구절이나 장면	
생각, 가치관, 삶 등에서 일어난 긍정적인 변화와 느낀 점	

도서 '이토록 공부가 재미있어지는 순간'을 읽고, 목표 달성을 위한 한달 동안의 과목별 학습 목표를 담은 스터디 플래너를 작성하고 실천해 보자.

한 달 동안 이루고 싶은 나의 목표	날짜: ( )월 ( )일 ( )요일 ~ ( )월 ( )일 ( )요일	
	목표:	
목표를 이루기 위한 나의 마음가짐		
	과목	학습 방법 및 목표
	예) 국어	학교에서 배운 것을 꼼꼼하게 복습하고, 교과서에 나오는 작가나 시인에 대한 탐구 활동을 진행하고, 포트폴리오를 만든다.
계획		
점검(피드백)	잘한 점	
	부족한 점	
	나에게 하는 격려의 말	

진로와 직업 교과 관련 추천 도서 목록

연번	책제목	저자	출판사	출판년도
1	강원국의 진짜 공부	강원국	창비교육	2023
2	박철범의 하루 공부법	박철범	다산에듀	2022
3	처음으로 공부가 재밌어지기 시작했다	임진강	빌리버튼	2024
4	서울대 의대 1학년의 찐합격 노트	곽민정	메가스터디 북스	2023
5	NEW! 중학생 공부법의 모든 것	백정은	꿈결	2023
6	서울대생의 비밀과외	안소린	다산에듀	2023
7	구슬쥬네 공부의 숲	구슬쥬	다산에듀	2023
8	꼴등, 1년 만에 전교 1등 되다	강상우	포르체	2024
9	공부잘하는 중학생은 이렇게 읽습니다	김원배	풀빛	2024
10	이런 공부법은 처음이야	신종호	21세기북스	2023

관련고등학교, 관련학과, 관련직업 정보

관련고등학교	국제고등학교, 자율형사립고등학교, 외국어고등학교, 일반고등학교, 마이스터고등학교, 특성화고등학교, 과학고등학교
관련학과	전 계열(인문계열, 사회계열, 교육계열, 공학계열, 자연계열, 의약계열, 예체능계열)
관련직업	전 직업

진로와 직업 교과 관련 책을 읽고 심화 탐구 학습을 해 보자.

선정도서	서명		출판사	
	저자		출판년도	

독후감상

책을 읽고 난 후 가장 인상깊은 구절이나 장면을 적고, 자신의 생각, 가치관, 삶 등에서 어떤 긍정적인 변화가 생겼는지 구체적으로 적어 보세요.

가장 인상깊은 구절이나 장면	
생각, 가치관, 삶 등에서 일어난 긍정적인 변화와 느낀 점	
나의 진로에 도움이 된 점	

〈실전연습 2〉에서 고른 책을 읽고, 자신의 진로 목표를 이루기 위한 생활 습관을 계획하고 실천해 보세요.

탐구학습 주제		나의 진로 목표를 이루기 위한 생활 습관 계획 및 실천
탐구학습 내용	신체적 관리	
	정신적 관리	
	시간 관리	
	용돈 관리	
	대인 관계 관리	
	( )관리 * 내가 관리하고 싶은 분야를 자유 롭게 적어보세요.	
실천을 위한 다짐의 말		
실천 과정 점검 (실천과정 점검은 수시로 해요!)	잘한 점	
	반성할 점	
	실천 과정을 점검하고, 점검한 내용을 반영하여 계획을 수정한 후, 다시 도전해 보세요.	

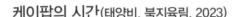

케이팝의 시간(태양비, 북지육림, 2023)

음악을 언제 어디서나 들을 수 있는 세상입니다. 사람들은 귀에 블루투스 이어폰을 꽂고 혼자서 저장된 음악을 듣습니다. 휴대폰에서 음악이 흘러나오면 나만의 콘서트장이 되고 작은 공연장이 되기도 합니다. 어떤 사람들은 최신 가요를 좋아하고 누구는 아이돌을 좋아합니다. 예전 노래를 좋아하기도 하고 알려지지 않은 독립 뮤지션을 좋아하기도 합니다. 대중음악은 케이팝이라는 장르에서 시작합니다. 지금까지 어떤 음악들이 만들어졌고 어떤 가수들이 활동했는지 그들의 대표곡이 무엇인지 알고 싶다면 이 책을 읽어보면 좋습니다. 또한 케이팝의 사조와 변화를 어떻게 이해하고 바라볼 것인지 시각을 갖고 싶다면 이 책을 흥미롭게 읽을 수 있습니다. 음악은 우리의 일상과 만나면서 새로운 이야기가 됩니다.

어른들과 음악에 대해 이야기를 해 본 적이 있는지 궁금합니다. 친구들과 자연스럽게 좋아하는 노래와 관심있는 가수에 대해 이야기 해 본 적이 있을 겁니다. 음악은 우리의 일상에서 중요한 부분을 차지합니다. 가수나 그룹은 사라져도 그 음악은 오랫동안 사랑받고 사람들의 기억 속에 남아 있습니다. 케이팝이 세계적인 음악이 되기까지 다양한 시도와 변화가 있었습니다. 케이팝의 역사를 간단하게 말하기 어렵습니다. 또한 음악을 만들고 공유하는 방식도 크게 변화하였습니다. 한 곡의 노래에도 시대의 삶과 가치가 담겨 있습니다.

사랑 노래의 가사를 살펴보면 예전에는 기다리는 마음, 고백하지 못하고 애태우는 마음, 만남의 설레임, 헤어진 후의 미련에 대한 노래가 많았습니다. 최근의 사랑 노래 가사를 살펴보면 당당하게 자신의 감정을 표현하고 적극적인 사랑을 하는 가사가 많습니다. 또한 사랑에 연연하지 않고 자신 삶을 살아가겠다는 주체적 태도를 나타내는 가사도 등장합니다. 사회가 변하고 사람들의 가치관이 바뀌면서 사랑을 대하는 태도와 사랑하는 방식이 바뀐 것입니다.

케이팝의 역사를 살펴보면 음악이 살아있는 유기체처럼 느껴집니다. 가요계를 단순히 유행 중심으로 설명하는 것은 한계가 있습니다. 또한 과거 음악과 최신 음악으로 단순하게 구분하는 것도 케이팝을 이해하기에는 한계가 있습니다. 케이팝은 역사적으로 차근차근 성장해 왔고 시스템으로 발전해 왔습니다. 케이팝은 음악을 넘어 세계적인 문화현상으로 자리잡고 있습니다. 단순히 대한민국에서 소비되는 음악이 아니라 전세계적으로 공유되고 문화적 큰 파급력이 있습니다.

음악이 필요한 이유는 사람들의 공유하고 공감할 수 있는 소재이기 때문입니다. 처음 만난 사람이나 낯선 외국인과도 음악적 취향과 관심을 이야기하면 친해질 수 있습니다. 음악은 또한 위로와 치유의 성격이 있습니다. 힘들고 울적할 때 음악이 주는 위안은 삶에서 큰 부분을 차지합니다. 청소년들이 음악을 통해 친구들과 소통하고 이전 세대와 새롭게 대화를 시도할 수 있다면 음악은 세대공감의 소통의 장르가 됩니다. 음악을 깊이 있게 이해하고 음악을 통해 세상을 바라볼 수 있다면 새로운 시각을 갖게 됩니다. 음악을 통해 그 시대를 이해하고 가수와 작곡가, 작사가들은 음악 안에 어떤 감정과 생각을 담고 싶었는지 이해한다면 세대를 뛰어넘는 보편적인 사람들의 감정과 생각을 이해할 수 있습니다.

교과연계 독서 주제 탐구 학습, 이렇게 해 봐요!

(참고: 2022 개정교육과정 중학교 음악과 내용 체계 및 성취기준)

2022 개정교육과정에서 음악과에는 음악 교과 교육과정은 학

생들이 감성, 창의성, 자기주도성을 발휘하여 음악 활동을 하며, 삶 속 공동체 내에서 음악적으로 소통할 수 있도록 하는 데 중점을 두고 설계되었습니다. 음악교과의 세부 목표는 음악의 아름다움이나 가치를 인식하고 정서적 안정을 느낄 수 있는 감성을 기르는 것입니다. 또한 음악의 의미를 탐색하고 새롭게 표현하며 만들어 갈 수 있는 창의성을 기르고 생활 속 다양한 음악 경험에 스스로 참여할 수 있는 자기 주도성을 기르는 것입니다. 또한 협력적 음악 활동을 통해 서로 다른 음악 표현을 존중하며 생활 속에서 소통하며 다양한 음악 문화와 음악의 역할을 인식하며 자신이 속한 공동체에 기여하는 것이다.

다음 표에 제시된 다양한 탐구학습전략을 활용하여 자신의 진로 및 진학과 연계한 주제 탐구 학습을 통해 2022 개정교육과정에서 요구하는 역량을 키우고 고등학교 입학뿐 아니라 대학 입시를 준비하는 기초를 다져보세요.

음악교과 관련 독서 연계 심화 탐구 학습, 어떻게 할까요?
다음과 같은 방법을 활용해 보세요!

연번	음악교과 관련 독서 연계 심화 탐구 학습 전략
1	다양한 주법과 표현 기법을 향상 시켜 노래나 악기로 개성 있게 연주하기
2	음악 요소와 음악적 특징을 살려 노래나 악기로 발표하고 평가하기
3	소리의 상호작용을 인식하고 매체를 활용하여 함께 표현하기
4	생활 속 다양한 형태의 연주에 참여하고 전통과 현대의 연주 문화 다양성을 인식하기
5	음악을 듣고 다양한 음악 요소에 집중하여 분석하기
6	생활 속에서 음악을 들으며 다양한 감성과 가치를 인식하고 존중하기
7	음악적 의도나 아이디어를 여러 매체나 방법에 적용하여 자기 주도적으로 창작하기
8	음악의 요소와 특징을 활용하여 간단한 형식의 음악을 만들기
9	생활 속의 영역과 연계하여 음악을 만들고 활용하며 책임감을 갖기

참고자료: 2022 개정교육과정 중학교 음악과 교육과정

교과연계 진로독서 음악과 예시도서 1			
서명	케이팝의 시간	출판사	북지육림
저자	태양비	출판년도	2023년

독후감상

책을 읽고 난 후 가장 인상깊은 구절이나 장면을 적고, 자신의 생각, 가치관, 삶 등에서 어떤 긍정적인 변화가 생겼는지 구체적으로 적어 보세요.

가장 인상깊은 구절이나 장면	아이돌은 세상의 구세주가 아닌 또 하나의 직업입니다. 자연인으로서 개인을 지키면서도 팬들에게 기쁨을 오랜 기간 줄 수 있는 균형감각이 있는 시스템이 점점 필요해지고 있습니다.
생각, 가치관, 삶 등에서 일어난 긍정적인 변화와 느낀 점	반짝하고 나타났다 사라지는 아이돌을 보면서 안타까운 마음과 어쩔 수 없는 현실이라는 생각을 했었다. 하지만 케이팝의 관점에서 바라보면 시스템 속에서 음악이 만들어지고 유행이 만들어진다는 사실에 놀랐다. 더 좋은 시스템이 더 좋은 가수와 음악을 만든다는 것을 깨달았다.
가장 인상깊은 구절이나 장면	
생각, 가치관, 삶 등에서 일어난 긍정적인 변화와 느낀 점	

탐구학습

도서 '케이팝의 시간'을 읽고, 다음 양식에 맞추어 뮤직 비디오 스토리 보드를 작성해 보세요.

뮤직비디오 스토리보드 만들기		
주제	좋아하는 노래를 선정하고 뮤직비디오 만들기	
화면 구성	자막	구성 의도
1.		
2.		
3.		
4.		

음악 교과 관련 추천 도서 목록

연번	책제목	저자	출판사	출판년도
1	음악, 너 혹시 과학이야?	앨런 크로스	라임 (공저)	2023년
2	음악을 한다는 것	베네데타 로발보	지노	2023년
3	여기는 18세기, 음악이 하고 싶어요	조현영	다른	2021년
4	우리가 몰랐던 우리음악 이야기	박소영	구름서재	2018년
5	청소년을 위한 보컬트레이닝 수업	차태휘	지노	2021년
6	난 그저 미치도록 내가 좋을 뿐	라일라 리	베르단디	2021년
7	디어 마이 오페라	백재은	그래도봄	2023년
8	방탄소년단과 K팝	서병기	성인당	2019년
9	그니까 작사가 뭐냐면	안영주	더디퍼런스	2020년
10	음악으로 먹고살기	박성배	1458music	2024년

관련고등학교, 관련학과, 관련직업 정보

관련고등학교	예술고등학교, 특성화고등학교, 마이스터고등학교, 예술중점고등학교, 일반고등학교
관련학과	음악교육과, 음악과, 음악학과, 실용음악과, 기악과, 관현악과, 작곡가, 피아노학과, 기악과, 성악과, 음악과, 공연예술과, 예술치료학과, 공간연출과, 뮤지컬과
관련직업	음악치료사, 음악강사, 작곡가, 작사가, 성악가, 녹음기사, 국악인, 평론가, 가수, 음악분수연출자, 음악치료사, 배경음악전문가, 음악가, 게임사운드크리에이터, 국악인, 카오디오인스톨로, 악기 수리원, 악기제조원, 지휘자, 연주가, 음악강사, 세션맨, 작사가, 편곡가, 가수, 음반기획자, 음반프로듀서, 레코딩엔지니어, 하우스매니저, 뮤지컬 배우

음악교과 관련 책을 읽고 심화 탐구 학습을 해 보자.

선정도서	서명		출판사	
	저자		출판년도	

독후감상

책을 읽고 난 후 가장 인상깊은 구절이나 장면을 적고, 자신의 생각, 가치관, 삶 등에서 어떤 긍정적인 변화가 생겼는지 구체적으로 적어 보세요.

가장 인상깊은 구절이나 장면	
생각, 가치관, 삶 등에서 일어난 긍정적인 변화와 느낀 점	
나의 진로에 도움이 된 점	

〈실전연습 1〉에서 읽은 책을 바탕으로 자신에게 위로나 힘이 되는 노래를 찾아 의미를 탐색해 보세요.

노래 제목	
노래를 선정 이유	
탐구학습 내용	노래 가사에서 위로가 되거나 힘이 되는 구절
	노래 가사가 위로가 되거나 힘이 되는 이유
	친구에게 위로를 줄 수 있는 노래 가사 쓰기
이번 탐구 학습이 자신의 진로 및 진학에 미치는 영향/소감	

기다렸어, 이런 음악수업(조현영, 다른, 2022)

'음악실에서 만나는 과학, 수학, 사회, 역사, 문학'이라는 부제목처럼 여러 과목에서 배우는 교과 내용과 음악이 접목되어 있습니다. 클래식 음악은 딱딱하고 지루하게 느끼는 학생들이 많습니다. 클래식의 역사도 작곡가의 생애도 예전의 이야기처럼 느껴집니다. 하지만 클래식도 당시의 대중가요와 같이 큰 인기를 누린 곡입니다. 또한 예전에는 과학자, 수학자, 철학자들이 음악을 작곡하고 연주하던 경우도 많았습니다. 음악은 사회와 역사의 영향을 받으며 발전해왔습니다. 또한 음악에는 당대의 삶의 모습이 담겨 있습니다. 작가의 다채로운 이야기를 따라가다 보면 저절로 음악과 다른 분야가 만나게 됩니다.

사람들이 좋아하는 선율이나 친숙한 멜로디가 쓰인 곡에는 비밀이 숨어 있습니다. 바로 일정한 주파수와 파동이 주는 안정감입니다. 오르골이 편안하게 느껴지는 이유에는 과학적 원리가 담겨 있습니다. 또한 클래식 음악에는 다양한 수학적 원리가 담겨 있습니다. 예를 들면 피다고라스는 등차수열을 통해 음계를 구성하고 작곡을 하기도 했습니다. 또한 서양음악에서는 수학의 평균율을 사용하여 보편적인 조율 체계를 만들었습니다.

이번에는 음악에서 만나는 사회를 살펴보겠습니다. 클래식 음악을 귀족의 음악이라고 합니다. 하지만 혁명으로 시대가 바뀌자

클래식이 귀족의 음악에서 부르주아의 음악으로 발전합니다. 클래식 음악이 대중화되고 많은 사람들에게 확대되는 계기가 된 것입니다. 음악도 신분제도와 사회제도의 변화에 따라 모든 사람들이 누릴 수 있는 대중문화로 발전합니다.

역사에서도 음악은 빠질 수 없는 역할을 합니다. 아리랑은 일제 식민지 시절에 당시 고통받던 조선인의 설움과 슬픔을 담고 있습니다. 유명한 작곡가 모차르트의 오페라 작품은 시민혁명이 역사적 배경입니다. 시민혁명으로 오페라가 대중화되면서 모차르트는 시민들을 위한 오페라를 작곡합니다. 정치적 이유로 어떤 작곡가는 독재자의 탄압을 받고 어떤 작곡가는 독재자에게 찬양을 받습니다. 음악은 그만큼 사람들에게 큰 영향력을 주기 때문입니다.

이제 음악을 통해 문학을 만나 보겠습니다. 문학작품은 음악가들에게 영감을 주고 다양한 작품을 창작할 수 있는 좋은 소재를 제공합니다. 같은 문학작품도 작곡가마다 다르게 해석하고 새롭게 변형합니다. 음악 시간에 친숙하게 듣는 오페라 작품들의 원작이 고전인 경우가 많습니다. 오페라에 영향을 준 고전 문학작품을 찾아보는 것도 신선하고 재미있는 접근방법입니다.

학문과 학문의 경계가 사라지고 다양한 통섭과 융합이 이루어지는 시대입니다. 창의적인 사고를 위해서는 교과와 다른 교과와의 연결고리를 발견하고 확장하는 방식이 필요합니다. 거미줄처럼 연결된 교과목들의 관련성을 발견하는 것은 지식을 확장하는 좋은 학습 방법입니다.

수동적인 음악 감상자의 자세에서 벗어나 능동적인 음악 탐험가가 되는 방법은 융합 학습에 있습니다. 숨어 있는 음악과 다른 교과의 연결고리를 촘촘하게 찾아가다 보면 어렵게 느껴지던 음악도 친숙하고 재미있게 공부할 수 있습니다. 어떤 과목에서 출발해도 괜찮습니다. 내가 관심있고 좋아하는 과목에서 다른 과목과의 연결점들을 발견하고 확장해가는 것은 즐겁게 배우고 새롭게 알아가는 탐구의 시작이 될 것입니다.

	교과연계 진로독서 음악과 예시도서 2		
서명	기다렸어, 이런 음악수업	출판사	다른
저자	조현영	출판년도	2022년

독후감상

책을 읽고 난 후 가장 인상깊은 구절이나 장면을 적고, 자신의 생각, 가치관, 삶 등에서 어떤 긍정적인 변화가 생겼는지 구체적으로 적어 보세요.

가장 인상깊은 구절이나 장면	인간과 기술이 함께하는 영역이 점점 늘어 가는 만큼 다양한 분야에 관심을 두는 사람이 할 수 있는 일들이 점점 많아질겁니다. 유튜브 콘텐츠를 만드는 일에도, 게임을 개발하는 일에도 음악이 빠지지 않습니다. '음악이 없는 분야는 하나도 없어요.'라고 저자는 말했다.
생각, 가치관, 삶 등에서 일어난 긍정적인 변화와 느낀 점	음악시간에 배우는 음악이 다른 교과와 관련성이 있다는 것을 알게 되어 신선했다. 결국 모든 학문이 연결되어 있다는 사실을 새삼 알게 되었다. 어렵고 지루하게 느끼던 클래식이 친숙하고 새롭게 느껴졌다.
가장 인상깊은 구절이나 장면	
생각, 가치관, 삶 등에서 일어난 긍정적인 변화와 느낀 점	

도서 '기다렸어. 이런 음악수업'을 읽고, 우리나라 노래 중에서 시대 상황을 반영하고 있는 노래를 찾아 보세요.

노래 제목	
탐구학습 내용	노래 가사에서 시대 상황을 반영하는 구절
	노래 가사에 나타난 시대 상황의 의미
	현대사회를 반영한 노래 가사 써 보기
이번 탐구 학습이 자신의 진로 및 진학에 미치는 영향/소감	

음악 교과 관련 추천 도서 목록

연번	책제목	저자	출판사	출판년도
1	뮤지컬 익스프레스 슈퍼스타	황정후	초록비책공방	2022년
2	방구석 뮤지컬	이서희	리텍콘텐츠	2022년
3	힙합과 한국	김봉현	한겨레출판	2023년
4	재즈의 계절	김민주	북스톤	2022년
5	반가워, 오케스트라	안지연	이분의일	2022년
6	클래식 음악, 뭔데 이렇게 쉬워?	나카가와 유스케	리듬문고 (공저)	2021년
7	보컬 전공이라면 꼭 알아야 할 55가지	유시경	중앙아트	2019년
8	클래식으로 전쟁을 멈춘다면	최민아	다른	2022년
9	케이팝 시대를 항해하는 콘서트 연출기	김상욱	달	2021년
10	힙합은 어떻게 힙하게 됐을까	한동윤	자음과모음	2018년

관련고등학교, 관련학과, 관련직업 정보

관련고등학교	예술고등학교, 특성화고등학교, 마이스터고등학교, 예술중점고등학교, 일반고등학교
관련학과	음악교육과, 음악과, 음악학과, 실용음악과, 기악과, 관현악과, 작곡가, 피아노학과, 기악과, 성악과, 음악과, 공연예술과, 예술치료학과, 공간연출과, 뮤지컬과
관련직업	음악치료사, 음악강사, 작곡가, 작사가, 성악가, 녹음기사, 국악인, 평론가, 가수, 음악분수연출자, 음악치료사, 배경음악전문가, 음악가, 게임사운드크리에이터, 국악인, 카오디오인스톨로, 악기 수리원, 악기제조원, 지휘자, 연주가, 음악강사, 세션맨, 작사가, 편곡가, 가수, 음반기획자, 음반프로듀서, 레코딩엔지니어, 뮤지컬 배우

음악교과 관련 책을 읽고 심화 탐구 학습을 해 보자.

선정도서	서명		출판사	
	저자		출판년도	

독후감상

책을 읽고 난 후 가장 인상깊은 구절이나 장면을 적고, 자신의 생각, 가치관, 삶 등에서 어떤 긍정적인 변화가 생겼는지 구체적으로 적어 보세요.

가장 인상깊은 구절이나 장면	
생각, 가치관, 삶 등에서 일어난 긍정적인 변화와 느낀 점	
나의 진로에 도움이 된 점	

〈실전연습 2〉에서 선정한 책을 읽고 나의 생각을 담은 노래 가사를 만들어 보세요.

탐구학습 주제	노래 가사 만들기	
탐구학습 내용	노래 제목	예) 봄이 좋아
	전달하고 싶은 주제	예) 봄의 설렘
	노래 가사	1절
		2절
		후렴구

* 새로운 리듬(멜로디)를 떠올리며 작곡도 해보세요.

11

미술

냥도리의 그림 수업(박순찬, 아라크네, 2022)

냥도리의 그림 수업은 그림에 대한 기법과 그림을 그리는 태도에 대한 이야기이다. 그림을 배우고 싶은 사람들에게 낙서에서 드로잉, 캐리커처까지 쉽고 재미있게 설명해줍니다. 그림을 잘 그리기 위해서는 그림을 좋아해야 합니다. 그림을 좋아한다는 것은 그림에 관심이 가져야 한다고 작가는 말합니다. 그림을 잘 그리는 것보다 사물을 잘 관찰하고 자신의 방식으로 표현하는 것이 중요합니다. 세상을 새롭게 바라보는 것이 그림을 잘 그리는 방법입니다.

그림을 잘 그리기 위해 미술 기초부터 배우는 것도 방법이지만 먼저 그림 그리는 것을 좋아해야 합니다. 입시를 위한 미술처럼 그림이 타인에 의해 평가의 대상이 되는 순간 흥미를 잃는 경우가 많습니다. 그림을 꾸준히 그리는 힘은 그림에 대한 애정에서 시작됩니다. 화가들은 그림에 대한 열정을 평생 품고 자신만의

236 성적 쑥쑥! 중학생 과목별 독서비법

예술세계를 추구합니다. 그림을 배우지 않더라고 꾸준히 그림을 그리다 보면 자신만의 독특한 표현 방법을 찾을 수 있습니다.

그림을 잘 그린다는 것이 대상을 똑같이 표현하는 것이라 오해할 때가 있습니다. 하지만 예술은 지금까지 새로운 표현방식을 추구해 왔습니다. 화가마다 똑같은 대상도 저마다 개성 있게 표현합니다. 새로운 방식으로 표현하기 위해서는 낯설게 바라보는 연습이 필요합니다. 기존 사물에서 출발해서 새로운 가상의 대상을 상상해서 그리는 방법이 있습니다. 기존의 사고에서 벗어나 새로운 발상을 해 보는 것이 개성 있는 그림 그리기의 시작입니다.

학생들이 진로를 찾아가는 것도 그림과 비슷합니다. 학생들은 저마다 자신의 방식으로 진로를 찾아갑니다. 어떤 학생은 학습에 비중을 두고 어떤 학생은 친구 관계를 중요하게 생각합니다. 또 다른 학생은 동아리나 체험활동을 중요하게 생각합니다. 시간이 지나면 학생마다 진로가 점점 달라집니다. 막연히 원하는 직업을 동경하는 학생과 구체적인 진로 목표와 직업을 통해 이루고 싶은 직업 가치관이 분명한 학생은 차이가 있습니다. 우리가 그림을 통해 배우게 되는 것은 자신의 삶을 어떻게 설계해 갈 것인지를 생각하는 능력입니다. 미래를 설계하고 준비하는 것은 스케치 하고 채색하는 작업과 같습니다.

인물 스케치의 예를 생각해 봅시다. 한 인물의 외모만을 관찰해서 그리는 것과 그 사람의 삶의 과정과 가치관을 알고 그리는 것은 차이가 있습니다. 표면적인 모습 속에 있는 속성을 발견하는 것이 그림에서 중요합니다. 진로를 찾아간다는 것도 자신이 잘하고 좋아하는 것을 발견하고 꾸준히 성장하기 위해 노력하는 과정입니다.

인물 스케치에서의 핵심은 대상의 특징을 발견하는 것입니다. 사람들은 저마다 독특한 얼굴과 외모를 갖고 있습니다. 그 차이를 발견하는 것이 인물 그리기의 핵심입니다. 학교생활에서 자신만의 색깔을 찾아가는 것이 필요합니다. 다채로운 색이 겹쳐서 아름다운 그림이 되는 것처럼 타인과 조화롭게 어울리며 자신의 개성을 표현하는 것이 필요합니다. 그림에서 궁극적으로 추구하는 것은 창의성입니다. 창의적인 사고는 관습에서 벗어나는 것에서 출발합니다. 관습에서 벗어나기 위해서는 마음을 열고 세상을 편견 없이 바라보라고 작가는 충고합니다. 자신을 한계를 규정하지 않고 새로운 시도와 경험을 해 보는 것이 그림 실력 향상뿐만 아니라 진로를 찾아가는 효과적인 방법이 될 것입니다.

교과연계 독서 주제 탐구 학습, 이렇게 해 봐요!

(참고: 2022 개정교육과정 중학교 미술과 내용 체계 및 성취기준)

2022 미술과 교육과정에서는 대상과 현상에 대한 미적 체험을 바탕으로 느낌과 생각을 표현하고 감상하는 활동을 통하여 자신과 세계를 이해하고 미술 문화 창조에 주도적으로 참여하는 것을 목표로 설정하고 있습니다. 미술교육의 성취기준으로 대상과 현상을 감각적으로 지각하고 반응하면서 심미적 감성을 기르는 것입니다. 또한 미술 활동을 통해 자신의 느낌과 생각을 창의적으로 표현하며 경험과 사고를 유연하게 통합하고 확장하는 것입니다.

또한 다양한 매체에 기반한 시각 문화를 비판적으로 이해하고 활용하여 시각적으로 소통하는 것입니다. 그리고 미술을 매개로 주도적으로 사고하고 행동하며 세계와의 관계에서 자신을 이해하는 것입니다. 그리고 미술 문화의 다원적 가치를 존중하며 협력적 의사소통을 통해 공동체의 문화 발전에 참여하는 것입니다.

다음 표에 제시된 다양한 탐구학습전략을 활용하여 자신의 진로 및 진학과 연계한 주제 탐구 학습을 통해 2022 개정교육과정에서 요구하는 역량을 키우고 고등학교 입학뿐 아니라 대학 입시를 준비하는 기초를 다져보세요.

미술교과 관련 독서 연계 심화 탐구 학습, 어떻게 할까요?
다음과 같은 방법을 활용해 보세요!

연번	미술교과 관련 독서 연계 심화 탐구 학습 전략
1	감각을 활용하여 대상과 현상을 탐색하고 자신과 환경에 대한 감수성을 확장하기
2	시각 문화의 의미와 역할을 알고 이미지를 비판적으로 해석하기
3	다양한 문화를 존중하며 이미지를 활용하여 소통하기
4	삶과 미술의 관계를 이해하고 다양한 분야와의 연결 방안을 모색하기
5	주제를 탐구하고 의도를 반영하여 적합한 표현을 계획하기
6	주도적이고 도전적인 태도로 다양한 미술 표현을 실험하고 작품에 적용하기
7	조형 요소와 원리, 표현 재료와 방법, 디지털 매체를 포함한 다양한 매체를 활용하여 주제를 효과적으로 표현하기
8	자신과 타인의 작품을 존중하며, 다양한 방법으로 공유하고 소통하기
9	미술 표현 과정에서의 경험을 성찰하고 삶의 문제 해결에 활용하기
10	다양한 감상 방법과 관점을 활용하여 작품을 해석하기

참고자료: 2022 개정교육과정 중학교 미술과 교육과정

교과연계 진로독서 미술과 예시도서 1			
서명	냥도리의 그림 수업	출판사	아라크네
저자	박순찬	출판년도	2022년

독후감상

책을 읽고 난 후 가장 인상깊은 구절이나 장면을 적고, 자신의 생각, 가치관, 삶 등에서 어떤 긍정적인 변화가 생겼는지 구체적으로 적어 보세요.

가장 인상깊은 구절이나 장면	그림이란 마음을 열고 눈을 떠서 세상을 편견없이 바라보는 일이야.
생각, 가치관, 삶 등에서 일어난 긍정적인 변화와 느낀 점	그림을 잘 그리기 위해서는 학원을 다녀야 한다고 생각했다. 또한 그림 실력은 타고난 재능이라고 생각했다. 하지만 책을 읽으면서 그림의 시작은 대상에 대한 관심이라는 것을 알았다.
가장 인상깊은 구절이나 장면	
생각, 가치관, 삶 등에서 일어난 긍정적인 변화와 느낀 점	

도서 '냥도리의 그림수업'을 읽고, 자신의 한쪽 손을 다양한 손동작을
만들어 보고 연필로 그려 보세요.

내 손 그리기

미술 교과 관련 추천 도서 목록

연번	책제목	저자	출판사	출판년도
1	365일 모든 순간의 미술	김영욱	빅피시	2022년
2	1페이지로 시작하는 미술 수업	김영숙	빅피시	2022년
3	건축가 아빠가 들려주는 건축 이야기	이승환	나무를심는 사람들	2022년
4	방구석 미술관	조원재	블랙피쉬	2018년
5	동양화 도슨트	장인용	다른	2022년
6	미술관에 가고 싶어지는 미술책	김영숙	휴머니스트	2021년
7	십대, 명작에서 진로를 찾다	김요한	피톤치드	2016년
8	1페이지 미술 365	김영숙	빅피시	2021년
9	사람이 사는 미술관	박민경	그래도봄	2023년
10	만화 그리는 법	소복이	유유	2021년

관련고등학교, 관련학과, 관련직업 정보

관련고등학교	예술고등학교, 특성화고등학교, 마이스터고등학교, 예술중점고등학교, 일반고등학교
관련학과	미술교육과, 미술학과, 순수미술학과, 실용미술과, 응용미술학과, 동양화과, 환경조각학과, 산업디자인과, 광고디자인과, 섬유디자인과, 실내디자인과, 공업디자인과, 제품디자인과
관련직업	학예사, 평론가, 미술교사, 문화재 보존원, 조각가, 화가, 무대감독, 미술심리상담사, 미술가, 미술품경매사, 큐레이터, 디지털아티스트, 그래피티 아티스트, 광고디자이너, 한복사, 북디자이너, 조경기술자, 귀금속 디자이너, 의상 디자이너, 신발디자이너, 제품디자이너

미술교과 관련 책을 읽고 심화 탐구 학습을 해 보자.

선정도서	서명		출판사	
	저자		출판년도	

독후감상

책을 읽고 난 후 가장 인상깊은 구절이나 장면을 적고, 자신의 생각, 가치관, 삶 등에서 어떤 긍정적인 변화가 생겼는지 구체적으로 적어 보세요.

가장 인상깊은 구절이나 장면	
생각, 가치관, 삶 등에서 일어난 긍정적인 변화와 느낀 점	
나의 진로에 도움이 된 점	

〈실전연습 1〉에서 읽은 책을 토대로 탐구 주제를 선정한 후, 다양한 매체와 온라인을 활용하여 자료를 탐색하고 내용을 정리해 보자.

작품 선정	작품명	
	작가	
	작품연도	
	작품 사진 출처	
작품 감상	작품 선정 이유	
	작품 속 인물들은 무엇을 하고 있나요?	
	내가 작품 속 인물이라면 어떤 느낌과 생각이 들까요?	
	내가 작품 속 인물이라면 어떤 말을 하고 있을까요?	
이번 탐구 학습이 자신의 진로 및 진학에 미치는 영향		
활동 후 소감		

화가가 사랑한 바다(김아영, 사람in, 2022)

　바다를 좋아하는 사람도 많고 그 이유도 다양합니다. 넓은 바다를 보면 마음이 탁 트이는 청량감을 경험하는 사람도 있고 속상하고 힘든 마음을 다 받아줄 것 같은 넉넉함을 느끼는 사람도 있습니다. 바다는 시시각각 변하고 우리의 마음도 순간마다 바뀝니다. 화가들이 사랑한 바다에는 수많은 화가들이 바다를 그린 작품이 담겨 있습니다. 사진과는 전혀 다른 바다 그림은 우리 마음의 파도를 일렁이게 합니다. 한 주제로 그림을 감상하면 보이지 않던 것들을 보게 됩니다. 그림이 딱딱하고 어려운 것이 아니라 우리의 마음을 비춰주는 햇살처럼 느껴집니다. 추억 속의 한 장면을 만나는 것처럼 각자 만나는 바다는 다채롭고 풍요로워질 것입니다.

　'바다'라는 단어를 떠올리면 떠오르는 추억은 사람마다 다를 것입니다. 예전에도 많은 사람들이 휴식과 여유를 즐기기 위해 바닷가에 갔습니다. 타비크 프란티셰크 시몬이라는 화가의 작품 '햇빛이 내리쬐는 해변'이라는 작품을 보면 바닷가에서 햇살 풍성한 오후를 즐기는 사람들의 여유로운 모습이 생생하게 표현되어 있습니다. 그림을 보면 저절로 미소가 지어지고 설레는 마음이 생겨 지금이라도 따뜻한 열대의 바다로 떠나고 싶어집니다. 그림은 우리를 한순간에 새로운 세상으로 안내합니다.

　해가 지는 바다는 사람들에게 낯선 시간을 선사합니다. 분명히

내일 해가 뜬다는 것을 알지만 오늘 해가 지는 모습은 사람들에게 다양한 감정을 유발합니다. 클로드 모네의 작품 '푸르빌의 석양'은 사람들의 마음 속의 잔잔한 감정의 일렁임을 보여줍니다. 즐겁고 행복한 하루를 보낸 사람도 힘겹고 고단한 하루를 보낸 사람도 저마다의 노을이 퍼지는 바다의 석양을 보며 아쉬움과 허전함을 느끼게 됩니다. 화가의 시선으로 바라본 바다는 우리의 마음에 위로를 보냅니다.

청소년기를 질풍노도의 시기라고 합니다. 성장과 변화가 급격하게 일어나는 시기라는 의미입니다. 이반 아이바좁스키의 작품 '혼돈'을 보면 희망과 불안이 교차하는 바다를 빛과 어둠으로 표현하고 있습니다. 잔잔한 파도와 높은 파도가 교차하면서 한 치 앞을 예측할 수 없고 시간조차 가늠하기 어려운 바다의 역동성을 보여줍니다. 태풍이 지나가는 것일 수도 있고 태풍이 오고 있는 것일지도 모릅니다. 분명한 것은 태풍이 지나가면 파도는 잔잔해지고 햇살이 밝게 빛나며 상쾌한 바람이 불어 올 것입니다. 젊은 시절의 방황과 고민은 자신만의 바다를 만나기 위한 과정입니다.

자연의 경외감을 느끼게 해 주는 바다를 만나보는 것도 새로운 경험입니다. 카스파르 다비드 프리드리히의 작품 '바다 위의 수도승'이라는 작품을 보면 인간이 얼마나 작고 연약한 존재인지 떠올리게 됩니다. 앞을 분간할 수 없는 짙푸른 바다를 홀로 바라보고 있는 한 사람의 모습은 유한하고 연약한 존재로서의 인간을 떠올리게 합니다. 드넓고 끝없는 바다 앞에 서 있는 인간의 모습에서 우리는 대자연 앞에서 겸허해지는 삶의 태도를 배우게 됩니다.

'바다'를 소재로한 화가들의 그림을 감상하다가 우리는 인생이라는 바다에서 어떤 항해를 하게 될지 궁금해집니다. 분명한 것은 우리는 각자의 파도와 각자의 바다를 만나게 된다는 것입니다. 화가들이 자신의 바다를 그린 것처럼 우리도 자신의 삶의 그림을 그려 나갑니다. 그 그림은 세상에 한 점 밖에 존재하지 않는 유일한 그림입니다.

교과연계 진로독서 미술과 예시도서 2			
서명	화가가 사랑한 바다	출판사	오후의서재
저자	정우철	출판년도	2023년

독후감상

책을 읽고 난 후 가장 인상깊은 구절이나 장면을 적고, 자신의 생각, 가치관, 삶 등에서 어떤 긍정적인 변화가 생겼는지 구체적으로 적어 보세요.

가장 인상깊은 구절이나 장면	캔버스에 남겨진 바다를 마주하는 것은 차마 말하지 못한 그들의 마음을 들여다보는 시간일 것입니다. 이 책에 담긴 101가지 바다의 마지막 장을 덮을 때면 여러분만의 바다가 어떤 모습일지 그려지길 바라겠습니다.
생각, 가치관, 삶 등에서 일어난 긍정적인 변화와 느낀 점	똑같은 대상도 바라보는 사람에 따라 다르게 보인다는 것을 새삼 알게 되었다. 바다를 그린 화가들의 그림을 보면 화가들의 마음이 담겨 있다. 화가들에게 바다는 영감을 주는 공간이기도 하고 위로를 주는 공간이기도 하다.
가장 인상깊은 구절이나 장면	
생각, 가치관, 삶 등에서 일어난 긍정적인 변화와 느낀 점	

도서 '화가가 사랑한 바다'에 소개된 작품을 참고하여 내 마음 속에 떠오르는 바다 풍경을 스케치 해보자.

미술 작품 심화 탐구 학습

작품명	
작품 의도	

미술 교과 관련 추천 도서 목록

연번	책제목	저자	출판사	출판년도
1	하루 한 장, 인생 그림	이소영	알에이치코리아	2023년
2	오직 나를 위한 미술관	정여울	웅진지식하우스	2023년
3	나는 메트로폴리탄 미술관의 경비원입니다.	패드릭 브링리	웅진지식하우스	2023년
4	그림 그리기가 이토록 쉬울 줄이야	이기주	스몰빅라이프	2022년
5	방구석 미술관 2: 한국	조원재	블랙피쉬	2020년
6	아빠, 디자인이 뭐예요	윤여경	이숲	2020년
7	예술에 대한 여덟 가지 답변의 역사	김진엽	우리학교	2020년
8	자연미술	이성원	학교도서관저널	2023년
9	청소년을 위한 사진 공부	홍상표	지노	2019년
10	필요했어, 이런 미술 수업	엄미정	다른	2022년

관련고등학교, 관련학과, 관련직업 정보

관련고등학교	예술고등학교, 특성화고등학교, 마이스터고등학교, 예술중점고등학교, 일반고등학교
관련학과	미술교육과, 미술학과, 순수미술학과, 실용미술과, 응용미술학과, 동양화과, 환경조각학과, 산업디자인과, 광고디자인과, 섬유디자인과, 실내디자인과, 공업디자인과, 제품디자인과
관련직업	학예사, 평론가, 미술교사, 문화재 보존원, 조각가, 화가, 무대감독, 미술심리상담사, 미술가, 미술품경매사, 큐레이터, 디지털아티스트, 그래피티 아티스트, 광고디자이너, 한복사, 북디자이너, 조경기술자, 귀금속 디자이너, 의상 디자이너, 신발디자이너, 제품디자이너

미술교과 관련 책을 읽고 심화 탐구 학습을 해 보자.

선정도서	서명		출판사	
	저자		출판년도	

독후감상

책을 읽고 난 후 가장 인상깊은 구절이나 장면을 적고, 자신의 생각, 가치관, 삶 등에서 어떤 긍정적인 변화가 생겼는지 구체적으로 적어 보세요.

가장 인상깊은 구절이나 장면	
생각, 가치관, 삶 등에서 일어난 긍정적인 변화와 느낀 점	
나의 진로에 도움이 된 점	

〈실전연습 2〉에서 읽은 책을 토대로 목적에 따른 미술 글쓰기를 해 보세요.

독서 연계 심화 탐구 학습 전략	* 다음 중 한 가지를 선택해서 체크(☑)해 보세요.
	☐ 주제를 탐구하고 의도를 반영하여 적합한 표현을 계획하기
	☐ 주도적이고 도전적인 태도로 다양한 미술 표현을 실험하고 작품에 적용하기
	☐ 조형 요소와 원리, 표현 재료와 방법, 디지털 매체를 포함한 다양한 매체를 활용하여 주제를 효과적으로 표현하기
재활용 미술활동 제목	예) 재활용 의류를 활용한 에코백 만들기
작품 의도	
소재	
작품 도안 (작품 아이디어)	
이번 탐구활동이 자신의 진로 및 진학에 미치는 영향	
활동 후 소감	

12
체육

모든 것은 기본에서 시작한다(손웅정, 수오서재, 2021)
　– 기본을 지키는 손웅정의 축구 철학, 교육 철학, 삶의 철학을 들여 다볼까요?

　손흥민. 어린 아이부터 나이가 지긋하신 어르신까지 누가 들어도 가슴 떨리는 우리나라를 대표하는 세계 최고의 축구선수 이름입니다. 당당히 영국 프리미어 리그(EPL) 축구 팀인 '토트넘 홋스퍼'의 주장을 맡고 있는 손흥민 선수를 떠올리면 자연스럽게 그의 아버지를 함께 떠올릴 것입니다. 손흥민 선수의 뒤에는 아들을 세계 최고의 선수로 성장시켰지만 여전히 부족하다고 채찍질을 하고 겸손함을 강조하는 아버지가 있습니다. 이 책에는 축구선수로서, 세계적인 축구선수의 아버지로서, 그리고 축구 지도자로서의 삶의 자세를 담은 손웅정 감독의 잔잔하지만 강렬한 이야기가 담겨 있습니다.

　저자는 삶을 살아가는 데 기본적인 자세와 다양한 자신의 삶의 철학을 독자들에게 전달하고 있습니다. 많은 이야기 중 특히 잘

할 수 있다는 자신감과 잘났다는 우쭐함은 차원이 다르다며 자신감이 우쭐함으로 변질되지 않도록 매 순간 중심을 잡으며 살아가야 한다는 저자의 이야기는 성장하고 있는 청소년들에게 큰 울림과 메시지를 전달합니다. 자기 자신을 돌아보고 성찰할 수 있는 자세는 자신감을 가져다 주지만 자신을 돌아보지 못하고 성찰하지 못하는 자세는 우쭐함을 가져다 줄 것입니다. 자칫 자기이해가 잘 되지 않아 우쭐함을 자신감으로 착각하는 사람들이 있습니다. 우쭐함은 자기 자신뿐만 아니라 타인과의 관계에도 악영향을 미칠 수 있습니다. 이 책을 통해 배울 수 있는 저자의 성찰의 자세와 삶의 철학은 독자로 하여금 성공보다는 성장할 수 있는 값진 삶을 살 수 있도록 이끌어 줍니다.

저자는 평소 실력과 기본기가 매우 중요하다고 말합니다. 선수가 항상 최상의 컨디션을 유지하고 경기를 뛸 수 있는 것은 아니기 때문에 컨디션이 좋지 않은 경우에는 기본기가 좋은 사람은 평균 기량으로 경기를 소화할 수 있다고 말하지요. 스포츠 경기에서의 상황을 학습의 상황에 대입해 본다면, 우리가 왜 평소에 공부를 하고, 실력을 갈고 닦아야 하는지에 대한 지혜를 얻을 수 있습니다. 늘 최상의 컨디션으로 공부를 하고 시험을 보는 것이 아니기 때문에, 평소에 공부를 꾸준히 하고 실력을 갈고 닦은 학생은 몸이 아프거나 컨디션이 좋지 않은 상태에도 자신의 기량을 발휘할 수 있습니다. 열심히 공부하고 학습해야 하는 이유이지요. 왜 공부를 해야 하는지를 잘 모르는 학생들은 이 책을 통해 그 이유를 찾을 수 있습니다.

저자는 인성에 대한 이야기도 빼놓지 않습니다. 뒤에서 욕하는 사람들에 대한 저자의 태도는 무릎을 탁 치게 만들기도 합니다. 뒤에서 욕하는 사람들은 두 발 뒤에 서 있으며, 자신은 그들의 앞에 서 있는 사람이라는 저자의 생각은, 친구 관계, 대인 관계에서 겪는 어려움을 극복할 수 있는 열쇠 또한 제공해 줍니다.

살아가면서 가장 중요한 것은 바로 '행복한 삶'입니다. 행복한 삶을 살기 위해서 우리는 자신만의 철학을 갖고 살아가야 합니다. 이 책을 읽고 기본을 지키고 겸손한 자세를 갖추는 어찌보면 너무나도 당연한 보편적인 가치를 우리가 잊고 사는 것은 아닌지 깊이 생각해 보는 시간을 가져 보세요. 또한 여러분의 삶을 성찰해 보고, 인생 철학을 정립해 보세요.

교과연계 독서 주제 탐구 학습, 이렇게 해 봐요!

(참고: 2022 개정교육과정 중학교 체육과 내용 체계 및 성취기준)

2022 개정교육과정에서 체육과는 학습자가 신체활동 문화에 입문하고, 운동, 스포츠, 표현 등의 신체활동 형식과 관련된 움직임 지식, 기술, 태도를 습득할 수 있도록 내용 구성을 하였습니

다. 이를 기반으로 학습자가 활동적이고 창의적인 삶, 건강하고 주도적인 삶, 신체활동 문화를 향유하며 사회 속에서 바람직하고 더불어 사는 삶을 영위할 수 있는 신체활동 역량을 기르는 것을 목표로 하고 있습니다. 본 책에서는 이러한 내용을 반영하여 관련 도서 목록을 제시하였으며, 2022 개정교육과정 체육과에서 강조하는 역량(움직임 수행 역량, 건강 관리 역량, 신체활동 문화 향유 역량)을 키울 수 있는 주제 탐구 학습을 위한 활동과 전략을 안내하고 있습니다.

다음 표에 제시된 다양한 탐구학습전략을 활용하여 자신의 진로 및 진학과 연계한 주제 탐구 학습을 통해 2022 개정교육과정에서 요구하는 역량을 키우고 고등학교 입학뿐 아니라 대학 입시를 준비하는 기초를 다져보세요.

체육교과 관련 독서 연계 심화 탐구 학습, 어떻게 할까요?
다음과 같은 방법을 활용해 보세요!

연번	체육교과 관련 독서 연계 심화 탐구 학습 전략
1	자신에게 적합한 운동을 계획하고 실천하기
2	개인의 건강과 공동체의 안전한 환경 조성에 관한 다양한 주제, 사회적 쟁점과 문제에 대한 자기 생각을 적극적으로 표현하고 토론하기
3	탐구 보고서 작성, 창작보고서 작성, 감상문 작성, 스포츠 경기 분석 보고서 작성
4	체력 및 건강 수준 점검 및 확인을 위한 체크리스트, 운동 및 건강 실천 포트폴리오 작성
5	활동 일지 작성, 활동 영상 제작, 디지털 도구를 활용한 활동 과정 및 결과 기록
6	스포츠 유형별 문화적(국가, 인종, 성별, 연령, 환경 등) 차이와 시대적 변화 비교 · 분석
7	체험, 관련 직업군 탐색

참고자료: 2022 개정교육과정 중학교 체육과 교육과정

교과연계 진로독서 체육과 예시도서 1			
서명	모든 것은 기본에서 시작한다	출판사	수오서재
저자	손웅정	출판년도	2021년

독후감상

책을 읽고 난 후 가장 인상깊은 구절이나 장면을 적고, 자신의 생각, 가치관, 삶 등에서 어떤 긍정적인 변화가 생겼는지 구체적으로 적어 보세요.

가장 인상깊은 구절이나 장면	주도적인 삶을 살아야 한다고 자식들에게 교육시키는 손웅정 감독의 교육 철학이 가장 인상깊었다.
생각, 가치관, 삶 등에서 일어난 긍정적인 변화와 느낀 점	이 책은 평소 나에게 '어떻게 살아야 올바르게 사는 것이며, 행복하게 사는 것인가'에 대한 실마리를 제공해 준 책이다. '주도적인 삶을 살라'는 저자의 말이 왠지 나에게 하는 말 같았다. 누군가가 나에게 무엇을 하고 싶은지 물으면 언제나 의사가 되고 싶다고 말해왔다. 진정으로 내가 원하는 것이 무엇인지에 대해 진지하게 고민하고, 의사라는 직업보다는 어떤 사람으로, 어떤 삶을 살아가고 싶은지에 대해 나를 성찰하고 나의 인생 철학을 만들고 싶다는 생각을 하게 해 준 책이다.
가장 인상깊은 구절이나 장면	
생각, 가치관, 삶 등에서 일어난 긍정적인 변화와 느낀 점	

자신이 생각하는 스포츠 롤모델 1인을 선정하여, 인물탐구보고서를 작성해 보세요.

인물탐구보고서			
인물명			인물의 특징을 살려서 표현해 보세요!
인물 키워드		인물의 모습	
인물 선정 이유			
활동 및 업적			
시련과 극복방법	〈시련〉 〈극복방법〉		
명언이나 어록			
배우고 싶은 삶의 태도			

체육 교과 관련 추천 도서 목록

연번	책제목	저자	출판사	출판년도
1	10대와 통하는 스포츠 이야기	탁민혁 외	철수와영희	2019
2	쫌 이상한 체육 시간	최진환	창비교육	2022
3	선생님이 들려주는 스포츠 이야기	조보성	금성출판사	2022
4	에이전트의 세계	장기영	시월	2023
5	문기주의 e스포츠 세상	문기주	새론북스	2023
6	오타니 쇼헤이의 위대한 시즌	제프 플레처	위즈덤하우스	2023
7	슈퍼스타 축구 기술	에이든 레드넷지	라의눈	2020
8	너의 꿈이 될게	지소연 외	클	2023
9	가르치지 않아야 크게 자란다	요시이 마사토	코치라운드	2023
10	팀 케미스트리	조앤 라이언	두리반	2023

관련고등학교, 관련학과, 관련직업 정보

관련고등학교	체육고등학교, 일반고등학교, 국제고등학교, 외국어고등학교, 직업계고등학교, 각 학교의 운동부로 진학
관련학과	공연예술무용과, 공연예술학과, 무용과, 건강스포츠학부, 건강운동관리학과, 경기지도학과, 경호비서학과, 경호학과, 골프산업학과, 골프학과, 국제스포츠학부, 노인체육복지학과, 동양무예학과, 레저스포츠학과, 레저해양스포츠학과, 무도스포츠학과, 미래스포츠융합학과, 사회체육학과, 산업스포츠학과, 생활체육지도학과, 생활체육학과, 스포츠건강과학과, 스포츠건강재활학과, 스포츠경영학과, 스포츠교육학과, 스포츠마케팅학과, 스포츠문화학과, 스포츠복지학과, 스포츠산업학과, 스포츠의학과, 스포츠재활의학과, 체육교육과, 유도학과
관련직업	스포츠해설가, 축구해설가, 야외활동지도사, 치어리더, 스포츠 심리상담원, 스포츠에이전트, 스포츠마케터, 운동감독, 스포츠기록분석연구원, 프로바둑기사, 해양 레저 전문가, 해양 스포츠 운동선수 및 지도자, 해양 스포츠 마케팅 전문가, 레저 선박 시설(마리나)전문가, 운동선수, 캐디, 스포츠트레이너, 코치, 카레이서, 운동경기심판, 스포츠강사, 헬스케어 컨설턴트, 건강관리사, 운동처방사, 체육교사, 안무가, 경호원, 무용가, 프로게이머

체육교과 관련 책을 읽고 심화 탐구 학습을 해 보자.

선정도서	서명		출판사	
	저자		출판년도	

독후감상

책을 읽고 난 후 가장 인상깊은 구절이나 장면을 적고, 자신의 생각, 가치관, 삶 등에서 어떤 긍정적인 변화가 생겼는지 구체적으로 적어 보세요.

가장 인상깊은 구절이나 장면	
생각, 가치관, 삶 등에서 일어난 긍정적인 변화와 느낀 점	
나의 진로에 도움이 된 점	

〈실전연습 1〉에서 읽은 책과 관련된 스포츠 경기를 보고, 경기 분석 보고서를 작성해 보세요.

탐구학습 주제			스포츠 경기 분석 보고서
스포츠 종목			
탐구학습 내용	경기 개요	경기 날짜	
		경기 장소	
		참가 팀(선수)	
	분석 목표		
	경기 결과 요약	경기결과 (스코어 등)	
		주요 사건이나 특이사항	
	팀(선수) 분석		* 각 팀(선수)의 프로필, 전술 및 전략, 선수 평가 등 다양 한 내용으로 분석
	경기 분석		* 주요장면, 결정적인 순간, 경기의 흐름, 팀(선수)의 전술 변화 등
	제안		* 개선 사항 및 향후 전략에 대한 제안
활동 후 소감			

경기장을 뛰쳐나온 인문학(공규택, 북트리거, 2019)

– 대중적인 스포츠를 즐기듯 누구나 인문학을 쉽고 재밌게 즐길 수
는 없을까요?

"상대적으로 보이는 것이 조화를 이룰 때 아름다움을 느끼는 현
상을 동양철학은 '유무상생(有無相生)'이라는 말로 설명한다. 이와
같은 맥락에서 패럴림픽의 시각장애인과 가이드 러너가 함께 달
리는 모습은 장애인과 비장애인의 유무상생 조화를 보여 준다.
이 아름다운 조화를 이루어 낸 보상이랄까? 패럴림픽에서는 시
각장애인 선수뿐만 아니라 가이드 러너에게도 똑같이 메달을 수
여한다. 그야말로 선수와 가이드 러너를 둘이 아닌 하나로 여기
는 것이다."

공규택 〈경기장을 뛰쳐나온 인문학〉 중에서

먹고살기 바빴던 1960~1970년대, 변변한 오락거리나 볼거리
가 별로 없던 시절에 프로레슬링은 전 국민을 흑백 텔레비전 앞
에 모이게 한 우리나라 최고의 인기 스포츠였습니다. 그런데 한
순간 프로레슬링은 대중의 관심에서 멀어지게 됩니다. 그 이유는
무엇이었을까요? 미국 프로야구 메이저리그 팀인 '시카고 컵스'
의 염소의 저주와 '클리블랜드 인디언스'의 와후 추장의 저주 등
월드시리즈의 다양한 저주는 왜 탄생했을까요? 프로야구의 희생
번트와 스피드스케이팅의 페이스메이커의 희생은 정당하고 합당
한 것일까요?

질문만 들어도 흥미진진한 내용이 한가득 들어있는 책입니다. 사람, 그리고 사람과 관련된 모든 것, 심지어 눈에 보이지 않는 사람의 생각까지 연구하는 것이 인문학이지요. 스포츠의 다양한 현상들은 인문학과 떼려야 뗄 수 없습니다. 저자는 철학, 사회학, 윤리학 등 다양한 인문학 분야와 스포츠 현상이 어떻게 연결되어 있는지를 흥미로운 사례를 통해 설명합니다. 뿐만 아니라 귀인 이론, 계층 이동, 인재 등용, 유무상생(有無相生), 희생의 선택권, 자아실현의 경향성과 리더십, 배려, 양심의 의미, 제노포비아, 문화 다양성 등 인문학에서 다루어지는 어려운 개념들을 스포츠와 연결하여 알기 쉽게 설명해줍니다. 다소 어렵다고 느껴질 수 있는 인문학을 일상 생활이나 스포츠와 연계하여 더 쉽게 이해할 수 있도록 도와 줍니다.

승부를 위해 치열한 경쟁 속에서 고군분투하는 스포츠 선수들은 단지 자신의 명예를 위해 운동을 하는 것뿐만 아니라 다른 누군가에게 희망이 되기도 합니다. 2016년 6월 23일, 인천문학경기장에 들어선 프로야구 선수들의 유니폼에는 선수들의 이름이 아닌 낯선 이름이 새겨져 있었습니다. 바로 실종되어 집으로 돌아오지 못한 아동들의 이름이었지요. 선수들은 경기가 끝나도록 유니폼을 벗지 않았고, 실종된 아이들이 가족의 품으로 돌아오기를 바라는 간절한 마음으로 그라운드를 누비며 힘껏 뛴 선수들은 국민들에게 감동과 희망을 주었습니다. 스포츠가 단순히 경쟁과 승리만을 목표로 하는 것이 아니라 우리의 삶 속에서 많은 영향을 주고 받을 수 있다는 사실을 알 수 있습니다.

　스포츠는 역사, 경제, 외교, 정치 등 사회 전반에 걸쳐 다양한 분야와 떼려야 뗄 수 없는 관계를 맺고 있습니다. 스포츠와 인문학의 만남을 살펴보고, 우리 사회를 조금 더 깊이 있게 이해하는 시간을 가져 봅시다.

교과연계 진로독서 체육과 예시도서 2			
서명	경기장을 뛰쳐나온 인문학	출판사	북트리거
저자	공규택	출판년도	2019년

독후감상

책을 읽고 난 후 가장 인상깊은 구절이나 장면을 적고, 자신의 생각, 가치관, 삶 등에서 어떤 긍정적인 변화가 생겼는지 구체적으로 적어 보세요.

가장 인상깊은 구절이나 장면	프로야구에서는 희생번트를 통해 자신은 아웃되지만 팀에서 필요로 하는 점수를 얻게 된다. 스피드스케이팅에서는 다른 나라 선수들의 레이스를 견제하기 위해 작전상 자국 선수 한 명을 페이스메이커로 활용할 수 있다. 금메달을 따기 위해 특정 선수가 희생되는 것이다.
생각, 가치관, 삶 등에서 일어난 긍정적인 변화와 느낀 점	2018 평창동계올림픽 스피드스케이팅 경기에서 이승훈 선수의 금메달을 위해 희생한 페이스메이커 선수가 있다는 사실은 '희생'에 대해 깊이 있게 탐구하는 계기가 되었다. 피땀 흘린 노력으로 국가대표가 되었지만 다른 사람의 메달 획득을 위해 마음껏 능력을 발휘할 수 없는 경우가 종종 있다는 사실은 약자와 소수에게 관심을 갖는 계기가 되었다.
가장 인상깊은 구절이나 장면	
생각, 가치관, 삶 등에서 일어난 긍정적인 변화와 느낀 점	

도서 '경기장을 뛰쳐나온 인문학'을 읽고, 사회적 쟁점과 문제를 찾아보고, 한 가지 주제를 선정하여 자신의 생각을 정리해 보자.

책에서 찾을 수 있는 사회적 쟁점이나 문제점 찾아보기	1. 스포츠 승부 조작 사건의 문제점과 해결방안 2. 경기 당일에 비가 오면 제비뽑기인 동전던지기로 승패를 결정하는 크리켓의 경기 규칙은 정당한 규칙인가? 3. 골프 경기에서는 강자가 스코어를 감하고 경기를 시작하는 규칙이 있다. 골프의 핸디캡 규칙은 페어플레이 정신이라고 부를 수 있을까, 불공정한 규칙일까? 4. 프로야구의 희생번트는 팀을 위한 당연한 전략인가, 개인의 능력과 창의성을 무시한 전략인가? 5. 스피드스케이팅의 페이스메이커의 희생은 팀을 위한 당연한 희생인가? 6. 선수 개개인의 능력과 자율 의지에 경기 운영을 맡기는 지도자와 개개인의 플레이보다는 팀플레이에 주력한 지도자 중, 어느 유형이 바람직한가? 7. 운동경기에서 벤치 클리어링은 경기의 일부인가, 정당화될 수 없는가? 8. 운동경기에서 인종차별 문제의 원인과 해결방안
자신이 탐구하고 싶은 주제 선정하기	
선정한 주제에 대한 자신의 생 정리하기	
탐구활동 후 느낀점 정리하기	

체육 교과 관련 추천 도서 목록

연번	책제목	저자	출판사	출판년도
1	인생은 순간이다	김성근	다산북스	2023
2	승리의 함성을 다 같이 외쳐라	윤세호	크레타	2023
3	축구 전술 혁명	다쓰오카 아유무	한스미디어	2023
4	현직 프로야구 스카우트가 전하는 프로가 된다는 것	진상봉	시대인	2023
5	운동선수 마스터플랜	theD 마스터플랜 연구소	더디퍼런스	2024
6	나는 체육 교사입니다	김정섭 외	성안당	2022
7	나는 이렇게 스포츠 마케터가 되었다	김재현	이든하우스	2023
8	인공지능이 스포츠 심판이라면	스포츠 문화연구소	다른	2020
9	한 권으로 읽는 국제스포츠 이야기	유승민 외	가나출판사	2021
10	인공지능과 빅데이터로 읽는 미래 스포츠 이야기	천제민	부크크	2023

관련고등학교, 관련학과, 관련직업 정보

관련고등학교	체육고등학교, 일반고등학교, 국제고등학교, 외국어고등학교, 직업계고등학교, 각 학교의 운동부로 진학
관련학과	공연예술무용과, 공연예술학과, 무용과, 건강스포츠학부, 건강운동관리학과, 경기지도학과, 경호비서학과, 경호학과, 골프산업학과, 골프학과, 국제스포츠학부, 노인체육복지학과, 동양무예학과, 레저스포츠학과, 레저해양스포츠학과, 무도스포츠학과, 미래스포츠융합학과, 사회체육학과, 산업스포츠학과, 생활체육지도학과, 생활체육학과, 스포츠건강과학과, 스포츠건강재활학과, 스포츠경영학과, 스포츠교육학과, 스포츠마케팅학과, 스포츠문화학과, 스포츠복지학과, 스포츠산업학과, 스포츠의학과, 스포츠재활의학과, 체육교육과, 유도학과
관련직업	스포츠해설가, 축구해설가, 야외활동지도사, 치어리더, 스포츠 심리상담원, 스포츠에이전트, 스포츠마케터, 운동감독, 스포츠기록분석연구원, 프로바둑기사, 해양 레저 전문가, 해양 스포츠 운동선수 및 지도자, 해양 스포츠 마케팅 전문가, 레저 선박 시설(마리나)전문가, 운동선수, 캐디, 스포츠트레이너, 코치, 카레이서, 운동경기심판, 스포츠강사, 헬스케어 컨설턴트, 건강관리사, 운동처방사, 체육교사, 안무가, 경호원, 무용가, 프로게이머

체육교과 관련 책을 읽고 심화 탐구 학습을 해 보자.

선정도서	서명		출판사	
	저자		출판년도	

독후감상

책을 읽고 난 후 가장 인상깊은 구절이나 장면을 적고, 자신의 생각, 가치관, 삶 등에서 어떤 긍정적인 변화가 생겼는지 구체적으로 적어 보세요.

가장 인상깊은 구절이나 장면	
생각, 가치관, 삶 등에서 일어난 긍정적인 변화와 느낀 점	
나의 진로에 도움이 된 점	

〈실전연습 2〉에서 고른 책을 읽고, 책 속에서 찾을 수 있는 다양한 직업을 탐색해 보세요. * 커리어넷 직업백과 적성유형별 검색 참고

탐구학습 주제	관련 직업군 탐색하기		
탐구학습 방법	커리어넷 접속→직업백과→적성유형별 검색		
탐구학습 내용	적성유형별 핵심능력 中 3가지 선택	□ 신체 · 운동능력 □ 손재능□ 공간지각력 □ 음악능력 □ 창의력 □ 언어능력 □ 수리 · 논리력 □ 자기성찰능력 □ 대인관계능력 □ 자연친화력 □ 예술시각능력	
	핵심능력		직업명 (선택한 핵심능력별 관심 직업을 적어보세요.)
	1		
	2		
	3		
이번 탐구 학습이 자신의 진로 및 진학에 미치는 영향			
활동 후 소감			

챗GPT로 만나는 내:일(김영광, 풀빛, 2023)
― AI와 함께 일하는 미래의 진로와 직업

"방탄봇은 점점 인간의 감정과 경험에 대한 이해도도 높아졌어요. 깊어진 공감력을 바탕으로 방탄봇은 더 감동적이고 의미있는 음악을 만들어냈죠. 방탄봇과 BTS는 팬들에게 희망, 자기애, 화합의 메시지를 전하기 위해 끊임없이 노력했고, 새로운 시대에게 큰 꿈을 꾸고 자신만의 개성을 포용하도록 영감을 불어넣었습니다."

김영광 〈챗GPT로 만나는 내:일〉 중에서

세계경제포럼에서 발표한 〈2023년 일자리 미래 연구 보고서〉에서는 인공지능과 기술혁신으로 2023년~2027년까지 5년간 6900만 개의 새로운 일자리가 창출될 수 있고, 인공지능과 데이터로 인해 직업의 25퍼센트가 변화의 소용돌이를 겪을 수 있으며, 가장 빠르게 증가할 일자리가 AI전문가 분야라고 예측했습니다.

챗GPT를 각 분야에서 적극적으로 활용하고 있습니다. 급변하는 변화속에서 어떤 마음가짐과 준비가 필요할까요? 변화의 소용돌이 속에서 스스로 피하려 하지 말고 이를 통해 배우고 성장할 수 있는 기회로 받아들이고 자신의 한계를 뛰어 넘을 수 있는 기회로 활용해야 합니다. 회복탄력성, 적응력, 열정, 긍정적인 마음 가짐 등을 통해 자신의 재능, 기술, 창의력을 활용하여 세상을 변화시켜보려는 도전이 필요한 시기입니다.

인생은 모험이며 좋은 경험이든 나쁜 경험이든 모든 경험은 여러분들의 성장에 기여하게 됩니다. 매 순간을 받아들이고 그 과정을 즐기면서 성장하는 모습을 상상하며 즐겨 봅니다.

이 책은 챗GPT 사용 설명서라기 보다는 챗GPT 체험서라고 할 수 있어요. 앞으로 우리가 만날 미래엔 일과 직업이 어떤 형태로 바뀔지 챗GPT가 예상한 모습을 읽으면서 즐겁게 체험할 수 있게 구성되어 있습니다. 앞으로 AI 기술은 빠르게 끊임없이 진화할 것입니다. 그러니 하루라도 더 빨리 새로운 기술과 친해지는 것이 유리합니다. 그러려면 우선 같이 놀아야 합니다. 이 책을 통해서 AI와 놀면서 친해지는 법(활용법)을 배울 수도 있으니 매우 좋은 기회가 될 것입니다.

미래 유망한 진로와 전공을 알고 싶다면, 나의 진로 목표를 잘 구상하고 설계하고 싶다면, "지금부터 진로 채팅을 시작하세요!"

성장하는 십 대 청소년들에게 AI 기술의 발달과 초지능 AI의 등장은 위기이자 기회입니다. 새로운 기술과 친해지고, 활용하는 방법만 잘 익힌다면 얼마든지 '나의 진로' 목표를 구상하고 설계하는 데 큰 도움이 됩니다. 따라서 이 책은 다가올 미래에 대하여 막연하게 두려움을 갖고 있거나 또는 유망한 진로와 전공에 대해 궁금해 하는 청소년들에게 매우 좋은 진로 길잡이가 되어 줄 수 있습니다.

교과연계 독서 주제 탐구 학습, 이렇게 해 봐요!

(참고: 2022 개정교육과정 중학교 정보과 내용 체계 및 성취기준)

정보 교과 교육과정은 미래 사회 변화에 적극적으로 대응할 수 있는 능력을 강화하기 위해 설계되었어요. 2022개정교육과정의 핵심역량인 지식정보처리, 창의적사고, 협력적소통 그리고 공동체 역량과 연계되어 있으며, 정보과목의 역량으로는 컴퓨팅 사고력, 디지털 문화 소양, 인공지능소양을 정보교과의 역량으로 설정되어 있어요.

중학교 교육과정에서는 컴퓨팅 시스템을 구성하는 기본적인 요소를 이해하고, 인공지능의 기반인 '데이터'에 대한 리터러시

기술을 형성하는 기반 위에서 '알고리즘과 프로그래밍', '인공지능'을 통해 문제를 해결하는 과정을 설명하고 있어요. 교육과정은 디지털 세계에서 데이터와 정보를 처리하는 컴퓨팅 장치를 이해하고, 실생활에서 정보를 다루는 시스템에 의해 처리된 결과의 영향력을 판단하는 능력을 개발하는데 중점을 둡니다.

컴퓨터로 처리되는 정보의 원리를 이해하고 다양한 현상의 의미를 해석하는데 도움이 되는 데이터의 중요성을 고려하여 데이터의 수집, 분석 및 처리기술을 개발합니다.

컴퓨팅을 사용하여 실생활 문제를 해결하기 위해, 문제를 발견하고 분석하며 추상화 과정에서 자동화의 필요성과 중요성을 이해합니다.

교육과정은 인공지능에 의해 발생하는 세상의 변화를 이해하고 기본 지식을 기반으로 인공지능을 사용한 문제 해결의 가능성을 탐색하는 태도와 능력을 기를 수 있도록 구성되어 있습니다.

여러분들은 정보를 다루는 디지털 사회에 대한 특성을 이해하고, 미래 사회에서 디지털 기술의 영향력을 탐색하며, 디지털 사회로 살아가는데 필요한 디지털 윤리를 실천할 수 있는 태도를 개발할 수 있습니다.

정보 교과 관련 독서 연계 심화 탐구 학습, 어떻게 할까요?
다음과 같은 방법을 활용해 보세요!

연번	정보교과 관련 독서 연계 심화 탐구 학습 전략
1	일상생활 속에서 컴퓨팅을 통해 문제를 해결하는 보고서 작성하기
2	현 시대가 당면한 여러 사회문제를 지속가능한 발전을 위한 탐구보고서 작성하기
3	사회문제에 관한 자신의 견해 정립(신문기사·사설·칼럼 작성), 공익광고 만들기
4	역할 놀이와 시뮬레이션 게임
5	토의·토론, 논술
6	프로젝트 기반학습, 디자인기반학습, 짝프로그래밍 등 학습 탐구 활동
7	포트폴리오, 활동 보고서 작성
8	관찰 및 면담, 현장 견학과 체험, 조사

참고자료: 2022 개정교육과정 중학교 정보과 교육과정

교과연계 진로독서 정보과 예시도서 1				
서명	챗GPT로 만나는 내:일	출판사	풀빛
저자	김영광, 챗GPT	출판년도	2023년

독후감상

책을 읽고 난 후 가장 인상깊은 구절이나 장면을 적고, 자신의 생각, 가치관, 삶 등에서 어떤 긍정적인 변화가 생겼는지 구체적으로 적어 보자.

가장 인상깊은 구절이나 장면	AI와 함께 작업하면서 느낀 인간과 AI의 가장 큰 차이는 바로 '의지'가 있는가, 없는가입니다. AI는 무한에 가까울 정도의 학습능력, 분석능력, 창작능력을 자랑하지만 그 능력으로 무엇을 이루겠다는 의지는 발견하지 못했어요. (p23)
생각, 가치관, 삶 등에서 일어난 긍정적인 변화와 느낀 점	변화에 빠르게 적응할 수 있는 사람이 성장한다. 챗GPT를 효율적으로 활용할 수 있으려면 질문이 중요하다. 구체적인 목적을 가지고 구체적으로 질문을 통해 챗GPT와 대화를 이끌어가보고자 한다. 앞으로 미래에는 어떤 변화가 일어날지 궁금해진다.
가장 인상깊은 구절이나 장면	
생각, 가치관, 삶 등에서 일어난 긍정적인 변화와 느낀 점	

도서 '챗GPT로 만나는 내:일'를 읽고, 관심있는 주제를 챗GPT에게 질문하고 그 답변으로 정리해보자.

관심 있는 것.	(예시) 중학교 시절 국어 공부를 잘 아는 방법이 궁금해?
챗GPT에게 질문하기	(예시) 나는 중학교에서 공부하는 방법을 익혀서 성적을 올리고 싶은데, 그 방법을 알려줘.
챗 GPT 답변	
챗GPT에게 도움을 받으면서 얻은 새로운 지식은?	
활동 후 나의 생각은?	

정보 교과 관련 추천 도서 목록

연번	책제목	저자	출판사	출판년도
1	알고 있니? 알고리즘	소니언	우리학교	2022년
2	메타버스 쫌 아는 10대	송해엽, 정재민	풀빛	2022년
3	미래를 위한 테크놀로지 교향	류한석	코리아닷컴	2019년
4	모빌리티 쫌 아는 10대	서성현	풀빛	2023년
5	나보다 똑똑한 AI와 사는법	반병현	북트리거	2023년
6	인공지능 쫌 아는 10대	오승현	풀빛	2019년
7	로봇친구 앨리스	한재권	자음과 모음	2023년
8	SNS와 스마트폰 중독 어떻게 해결할까?	김다경 외	동아엠앤비	2023년
9	플랫폼 경제 무엇이 문제일까?	한세희	동아엠앤비	2021년
10	10대에 정보보안 전문가가 되고 싶은 나 어떻게 할까?	마이클 밀러	오유아이	2023년

관련고등학교, 관련학과, 관련직업 정보

관련고등학교	자율형사립고등학교, 과학고등학교, 일반고등학교, 특성화고등학교, 마이스터고등학교
관련학과	컴퓨터공학과, 컴퓨터시스템공학과, 컴퓨터학과, IT정보공학과, 게임공학과, 디지털콘텐츠학과, 반도체공학과, 소프트웨어학과, 소프트웨어융합공학과, 정보보안학과 등
관련직업	네트워크관리자, 응용소프트웨어개발자, 데이터베이스개발자, 시스템소프트웨어개발자, 애니메이터, 웹마스터, 웹엔지니어, 웹프로그래머, 정보시스템운영자, 컴퓨터보안전문가, 디지털포렌식수사관, 사이버범죄수사관, 게임그래픽전문가, 게임기획자, 인공지능연구원, 컴퓨터프로그래머, 모바일콘텐츠개발자, 음성처리전문가 등

정보 관련 책을 읽고 심화 탐구 학습을 해 보자.

선정도서	서명		출판사	
	저자		출판년도	

독후감상

책을 읽고 난 후   시대가 당면한 여러 사회문제를 지속가능한 발전을
위한 탐구보고서 작성하기

[문제 인식]	• 해결해야 할 문제는 무엇인가? • 문제 해결에 도움이 되는 요소에는 어떤 것들이 있는가? • 어떤 결과를 원하는가?
[문제 해결에 필요한 정보 수집]	• 문제 해결에 필요한 실질적인 정보는 어떤 것들이 있는가? • 어떤 정보가 가치 있는 정보인가? • 문제 해결에 있어 최선의 방법을 선택할 때, 어떤 기준을 가지고 선택하는가?
[문제 해결 방안 설정]	• 어떤 해결 방법을 선택했을 때 어떤 결과가 나올지 생각해본다.
[문제 해결 과정에서 무엇을 배웠는지 적어본다]	

〈실전연습 1〉에서 활동한 내용을 중심으로 미래의 자신에게 해주고 싶은 이야기를 편지로 작성해보자.

미래의 나에게 영상 편지를 작성해보자	
6개월 후 나에게	
1년 후 나에게	
5년 후 나에게	
10년 후 나에게	
활동 후 미래사회에 적응하기 하기 위해 지금 준비해야 할 것들에 대해 생각해서 적어보자	

청소년을 위한 AI최강의 수업(김진형, 김태년, 매경주니어, 2021)

– 초지능시대 미래 생존을 위한 최소한의 지식

"인공지능은 감정을 가져야 하는가? 또는 기계가 감정을 가질 수 있느냐하는 궁극적인 문제를 생각해보자. 사람을 흉내 내는 것을 인공지능이라고 생각하는 학자들에게는 감정을 가진 인공지능을 만들었다는 것은 사람이 느끼는 것과 똑같은 감정의 상태를 갖게 하고 그 감정 상태에 따라서 의사결정하는 기계를 만들었다는 것을 의미한다. 사람을 흉내 내서 만든 기계가 정말로 감정을 느끼는 것인가? 아니면 느끼는 척하는 것인가?"

김진형, 김태년 〈청소년을 위한 AI 최강의 수업〉 중에서

인공지능은 이미 우리 경제와 사회속에 깊숙이 들어와 있습니다. 대기업 뿐만 아니라 많은 기업들이 제품과 서비스에 인공지능 기술을 도입하고 있으며 고도의 지능이 필요한 업무에도 인공지능을 활용한 자동화 기술을 사용하고 있습니다. 청소년들은 지금보다 더욱 발전된 인공지능 시대에 살아가게 될 것입니다. 어떤 직업활동을 하더라도 인공지능을 활용할 줄 아는 능력을 쌓아야합니다.

인공지능이 무엇이고 그 기술의 능력과 한계는 어디까지인지 우리는 정확히 알 수 없습니다. 미래에 어떻게 발전하고 변할 것이라고 상상할 뿐입니다. 인공지능 기술을 정확히 이해하려면 컴

퓨터 과학의 기초 지식과 상당한 수학적 지식은 물론 심리학, 언어학, 철학적 성찰이 필요하기 때문입니다.

인공지능 전문가인 작가는 '인공지능이란 무엇인가?'라는 질문에서 출발하고 있습니다. 인공지능 분야와 기술이 방대하지만 청소년들이 이해하기 쉽게 핵심만 추려 알기 쉽게 정확하게 친절하게 설명해주고 있어요.

인공지능시대는 단순히 먹고살기 위해 일하는 세상이라고 할 수는 없습니다. 일은 기계에게 시키고 사람들은 더 많은 여가를 즐기게 될 것입니다. 따라서 문화, 예술 등이 활성화 될 수 있습니다. 또한 과학기술 연구와 진리 탐구에 많은 시간을 쏟게 될 것입니다. 질병퇴치나 환경문제 등 전 지구적인 문제를 해결하기 위해 많은 노력들이 필요해질 것입니다.

인공지능의 등장이 인간이 가지고 있는 대부분의 직업을 차지하게 될지도 모르지만 또 다른 기회이기도 합니다. 인공지능의 등장으로 더 많은 일자리들이 창출 될 것으로 많은 미래학자들이 예측하고 있습니다.

AI 청소년을 위한 최강의 수업	교과연계 진로독서 정보과 예시도서 2			
	서명	청소년을 위한 AI 최강의 수업	출판사	매경주니어
	저자	김진형, 김태년	출판년도	2021년

독후감상

책을 읽고 난 후 가장 인상깊은 구절이나 장면을 적고, 자신의 생각, 가치관, 삶 등에서 어떤 긍정적인 변화가 생겼는지 구체적으로 적어 보자.

가장 인상깊은 구절이나 장면	사람의 감정을 인식하고 이에 적절히 대응하는 인공지능에 관한 연구 분야를 감성 컴퓨팅 이라고 한다. 사람의 표정이나 말소리를 듣고 감정 상태를 판단한다.
생각, 가치관, 삶 등에서 일어난 긍정적인 변화와 느낀 점	인공지능에 대해 평소 관심이 많았다. 앞으로 미래 사회의 모습을 미리 예측하고 뭘 준비해야하는지 파악할 수 있는 책이다.
가장 인상깊은 구절이나 장면 (3가지 찾아서 적어보자)	
생각, 가치관, 삶 등에서 일어난 긍정적인 변화와 느낀 점	

도서 '청소년을 위한 AI최강의 수업'을 읽고, 오늘날 인공지능이 영향을 미치고 있는 것은 무엇인지 조사해서 발표해보자.

자율주행차량	
스마트 디지털도우미	
콘텐츠 표절 적발	
은행 업무	
신용 사기 방지	
레시피 및 요리	
활동 후 나의 생각은?	

정보 교과 관련 추천 도서 목록

연번	책제목	저자	출판사	출판년도
1	천문학자들이 코딩하느라 바쁘다고?	이정환	나무를 심는 사람들	2024년
2	10대가 알아야할 프로그래밍과 코딩이야기	우혁, 이설아	한스미디어	2022년
3	코딩하는 소녀	타마라 아일랜드 스톤	라임	2018년
4	파이썬 코딩 0교시	줄리 스웨이	프리렉	2021년
5	영화 속 빅데이터 인문학	김영진	팜파스	2021년
6	생성형 AI야, 내 미래 직업은 뭘까?	김원배, 한세희	동아 엠앤비	2024년
7	십대가 알아야할 인공지능과 4차산업혁명의 미래	전승민	팜파스	2018년
8	청소년을 위한 코스모스	에마뉘엘 보드엥 외1명	생각의 길	2016년
9	모빌리티가 뭐예요	이시한	풀빛	2024년
10	미디어리터러시 쫌 아는 10대	금준경	풀빛	2020년

관련고등학교, 관련학과, 관련직업 정보

관련고등학교	자율사립고등학교, 과학고등학교, 일반고등학교, 특성화고등학교, 마이스터고등학교
관련학과	컴퓨터공학과, 컴퓨터시스템공학과, 컴퓨터학과, IT정보공학과, 게임공학과, 디지털콘텐츠학과, 반도체공학과, 소프트웨어학과, 소프트웨어융합공학과, 정보보안학과 등
관련직업	네트워크관리자, 응용소프트웨어개발자, 데이터베이스개발자, 시스템소프트웨어개발자, 애니메이터, 웹마스터, 웹엔지니어, 웹프로그래머, 정보시스템운영자, 컴퓨터보안전문가, 디지털포렌식수사관, 사이버범죄수사관, 게임그래픽전문가, 게임기획자, 인공지능연구원, 컴퓨터프로그래머, 모바일콘텐츠개발자, 음성처리전문가 등

'정보' 교과 인재상 및 갖춰야할 자질

- 첨단 정보 시대를 이끌어갈 창의적 컴퓨터 활용 능력 및 기초 수학 능력을 갖추어야 한다.
- 새로운 분야에 대한 호기심을 가지고 있어야 한다.
- 공학 및 과학의 기초 지식을 바탕으로 한 논리력과 창의력을 갖추어야 한다.
- 기계 및 컴퓨터에 흥미와 관심을 가지고 있어야 한다.
- 소프트웨어 응용 및 게임 개발 등을 위한 창의적인 발상과 새로운 분야에 대한 호기심을 갖추고 있어야 한다.
- 컴퓨터 하드웨어와 다양한 응용소프트웨어에 관심과 흥미가 있어야 한다.
- 끊임없이 호기심을 가지고 탐구하는 자세를 가지고 있어야 한다.

정보 관련 책을 읽고 심화 탐구 학습을 해 보자.

선정도서	서명		출판사	
	저자		출판년도	

독후감상

책을 읽고 난 후 가장 인상깊은 구절이나 장면을 적고, 자신의 생각, 가치관, 삶 등에서 어떤 긍정적인 변화가 생겼는지 구체적으로 적어 보세요.

인상깊은 문장1	문장 옮겨쓰기	
	문장에 담긴 의미	
인상깊은 문장2	문장 옮겨쓰기	
	문장에 담긴 의미	

(표 계속)

인상깊은 문장3	문장 옮겨쓰기	
	문장에 담긴 의미	
책을 통해 새롭게 깨달은 내용		
책을 통해 얻는 교훈과 내 삶의 적용		

〈실전연습 2〉에서 책을 읽고 정보기술 발달이 가져올 문제점과 올바르게 사용할 수 있는 방안을 탐색하고 보고서를 작성해 보세요.

정보기술이 가져올 미래 변화 모습	
현황 및 문제점	
정보기술을 올바르게 사용할 수 있는 방안	
활동 후 느낀 소감	

에필로그

우리는 오늘도 세상이라는 책을 읽습니다.

요즘 책 읽기를 귀찮아하고 싫어하는 학생들이 많습니다. 하지만 아이들은 사실 책을 좋아합니다. 어린 시절부터 부모님이 읽어준 수많은 흥미로운 동화책을 읽고 자랐습니다. 청소년기에는 상상력이 가득한 소설을 읽고 호기심을 채워줄 책을 찾아 읽습니다. 어른들이 되어 웹툰을 보고 웹소설을 읽고 인터넷상의 수많은 글을 읽습니다.

아이들에게 꾸준히 책 읽는 즐거움을 선물하기 위해 어떤 노력이 필요할까요? 책을 읽기 위해서는 시간이 필요합니다. 하지만 입시 공부에 바쁜 아이들에게 책 읽는 시간은 턱없이 부족합니다. 인터넷에는 인스턴트 지식과 단편적인 정보가 넘쳐나지만 정작 아이들이 알고 싶어 하는 깊이 있는 내용은 찾을 수 없습니다.

아이들에게 책을 고르라고 하면 도서관 서가 앞에서 망설입니다. 무슨 책을 읽어야 할지 모르겠다고 합니다. 그런 아이들에게 관심 있고 좋아하는 과목이 무엇인지 물어봅니다. 체육을 좋아하는 아이들에게는 잘하고 싶은 운동 책을 추천합니다. 노래 부르기를 좋아하는 아이들에게는 보컬 트레이닝 책을 추천합니다.

아이들은 한 번 재미있게 책을 읽으면 다음 책을 추천해 달라고 합니다. 책을 좋아하게 되면 꾸준히 책을 찾아 읽게 되고 자신이 꿈꾸는 미래와 연결고리를 발견하게 됩니다. 이 책이 인터넷에 관심을 뺏긴 아이들이 흥미로운 책을 만나는 첫걸음이 되기를 바랍니다. 아이들이 책을 읽고 친구들과 신나게 대화하며 자신의 새로운 가능성을 발견하면 좋겠습니다.

책 읽기가 막연하고 어렵게 느껴지는 학생들에게 교사와 학부모님들이 자상하게 책 읽기를 안내해 주면 좋겠습니다. 독서라는 다리를 통해 학생들이 자신의 꿈을 만나고 다양한 사람들과 만나는 기회가 되기를 바랍니다. 아이들이 읽은 책들을 쌓아서 자신만의 꿈의 도서관을 만들어 가면 좋겠습니다.

부록(원고지 양식)

20×10

20×10

20×10